Consumo e Espaço

Turismo, Lazer e Outros Temas

Consumo e Espaço

Turismo, Lazer e Outros Temas

ANDERSON PEREIRA PORTUGUEZ

Licenciado em Geografia pela Universidade Federal do Espírito Santo. Especialista em Educação Escolar pela Faculdade Espiritosantense de Administração. Mestre em Geografia Humana pela Universidade de São Paulo. Doutorando em Geografia: Território e Sociedade *pela Universidade Complutense de Madrid. Coordenador do Centro de Pesquisa e Desenvolvimento Científico da Unilinhares de Espírito Santo.*

ROCA

ISBN: 85-7241-331-6

Dados Internacionais de Catalogação na Publicação (CIP)
(Câmara Brasileira do Livro, SP, Brasil)

Portuguez, Anderson Pereira
Consumo e espaço – turismo, lazer e outros temas / Anderson Pereira Portuguez. – – São Paulo : Roca, 2001.

ISBN 85–7241–331-6

1. Consumo – Aspectos sociais 2. Geografia do consumo 3. Lazer 4. Território nacional – Brasil 5. Turismo 6. Turismo e tecnologia 7. Turismo rural I. Título.

01–1049 CDD–338.479181

Índice para catálogo sistemático:

1. Brasil : Formas de Turismo : Economia 338.479181

2001

Todos os direitos para a língua portuguesa são reservados pela

EDITORA ROCA LTDA.
Rua Dr. Cesário Mota Jr., 73
CEP 01221-020 – São Paulo – SP
Tel.: (011) 221-8609 – FAX: (011) 220-8653
e-mail: edroca@uol.com.br - www.editoraroca.com.br

Impresso no Brasil
Printed in Brazil

Este livro é uma homenagem a todas as pessoas que de alguma forma influenciaram minha vida profissional, em especial aos professores Dra. Renata Diniz Ferreira, Dra. Adyr A. Balastreri Rodrigues e Dr. José Carpio Martin.

apresentação

A curiosidade é, sem dúvida, uma das características de Anderson Portuguez. Como geógrafo e pesquisador, tem desenvolvido estudos sobre turismo e lazer, sempre abordando essas atividades numa dimensão socioespacial.

Agora, o autor lança sua obra *Consumo e Espaço – Turismo, Lazer e Outros Temas*, que traz uma abordagem da Geografia do Consumo na sociedade pós-moderna.

Se no passado, quando a diversidade social era menor, essa temática já era bastante complexa, nos dias atuais torna-se muito mais, em virtude do crescente aporte tecnológico que contribui, dentre outras facetas, para o aumento do consumo e, ainda, das adversidades decorrentes de uma economia em tempos de globalização.

A obra está dividida em três partes. A parte 1 trata do *Consumo e Espaço*, na qual o autor faz uma análise de alguns estudos feitos até agora sobre o tema e abre a discussão acerca do caráter têmporo-espacial do consumo. Mostra a conversão do tempo livre das pessoas em tempo de consumo nas sociedades pós-modernas, as facilidades nas ofertas dos produtos – a função social das casas – e as conseqüências desse desenfreado consumo no âmbito social.

A parte 2 – *Projeção Socioespacial do Turismo* – traz as maiores e mais diversificadas informações, enfoca o turismo virtual como uma das atividades de grandes dimensões e de múltiplos significados. Aborda, da mesma forma, a produção de tecnologia – utilização dos recursos da informática para fins de lazer – e as redes de teleinformática, como de fundamental importância para a dinâmica socioespacial do mundo globalizado. Realça, também, a contradição do lazer virtual, pois, ao mesmo tempo em que o aparato tecnológico em torno dessa atividade possibilita a artificialização de viagens pitorescas, impede a socialização e a oportunidade de experimentar as nuances da realidade original.

Uma experiência com o agroturismo na região serrana central do Estado do Espírito Santo é apresentada como uma alternativa de geração de renda e melhoria das condições de vida das coletividades rurais.

O autor apresenta, ainda, em *estudo de caso* e uma *pesquisa* sobre a experiência de uma feira internacional, nos quais, o turismo é mostrado como uma atividade com potencial para inserção econômico-territorial na região em que se insere.

A parte 3 – *Turismo e Lazer como Conteúdos da Educação Escolar* – traz a abordagem sobre a ausência deste tema nos livros didáticos do ensino fundamental e médio veiculados no Brasil. Alerta-se sobre as possíveis limitações da conscientização turística, se for trabalhado nas escolas, puramente, como uma disciplina do currículo. Finalmente, o autor propõe um programa de educação para o turismo que esteja integrado aos demais conteúdos escolares, que possibilite uma abordagem dentro de uma perspectiva transdisciplinar, concedendo ao estudante o direito de analisar, criticar e praticar o turismo, de forma mais consciente e produtiva.

Podemos enumerar diversas vantagens no trabalho de Anderson Portuguez. Em primeiro lugar, não se trata apenas de uma simples exposição do consumo, mas de uma análise crítica e reflexiva deste.

Em segundo lugar, o autor, apesar de apresentar vários textos, defende uma idéia central, sem perder o foco da temática.

Outra característica importante desta obra é o caráter transdisciplinar tratado pelo autor.

Trata-se, portanto, de uma obra utilíssima para as pessoas dispostas a alavancar a economia nacional, aproveitando aquilo que cada lugar tem de melhor: a natureza e a cultura.

Marinete Bianchi Canzian Baptista
Diretora Geral da Unilinhares, Linhares-ES

índice

parte 1

Consumo e Espaço

capítulo 1

Consumo e Produção do Espaço Urbano

"(...) Como todavía quedan compradores que mantienen sus viejas costumbres, las empresas conservan locales de venta por relación directa entre vendedor, comprador y mercancía, pero nadie duda de que la auténtica relación comercial tendrá lugar en el futuro a través del teléfono, la televisión y el ordenador. Sin embargo, incluso los estableci-mentos comerciales de viejos cuño sólo oferecen a la venta aquellos productos que han sido previamente tele-publicitados."

Javier ECHEVERRÍA, em Telépolis (1994: 31-2)

CONSIDERAÇÕES TEÓRICAS E ANÁLISES DE ESTRATÉGIAS[1]

Nos dias atuais, já não se pode afirmar que são poucos os estudos geográficos do consumo[2] e de sua importância para a compreensão das dinâmicas que produzem e reproduzem o espaço urbano. Por vezes, essas pesquisas podem se mostrar restritas a algumas categorias de consumo, como o turismo e o lazer, por exemplo, mas, de modo geral, são bem abrangentes e trazem

[1] Uma grande parte das considerações contidas neste trabalho foi realizada a partir das reflexões propostas pelas professoras Dra. Aurora Garcia Balestreros, Dra. Emília Garcia Escalona, Dra. Maria Carmen Pérez Sierra, durante o curso "Consumo, território y sociedad", em fevereiro de 2000, no Departamento de Geografia Humana da Universidade Complutense de Madrid. Assim, dedico este trabalho a elas, que são nada menos que co-autoras, pois muitas considerações são fruto de conclusões tiradas a partir de reflexões feitas por elas.

[2] Entende-se que a projeção socioespacial das atividades de consumo de bens e serviços, de toda ordem e em diversas escalas, faz parte do universo de investigação da Geografia do Consumo, que ainda se preocupa com as formas de uso e dinâmicas de evolução dos lugares destinados às mais diversificadas atividades que integram o setor terciário.

importantes considerações acerca dessa temática, que atrai cada vez mais a atenção dos profissionais dessa disciplina.

Por ser um assunto bastante complexo e que já acumula artigos, material cartográfico, livros e crônicas já há algumas décadas, os geógrafos têm variado bastante suas formas de abordagem, de modo que se podem observar pesquisas com distintas tendências teórico-metodológicas, que vão desde o descritivismo teorético-quantitativo até as publicações de cunho crítico-marxistas e neomarxistas, incluindo-se ainda nesse conjunto de variedades as análises humanísticas que trazem importantes contribuições da fenomenologia socioespacial.

Também não se pode deixar de citar uma grande quantidade de estudos de postura mais tradicional, em que a descrição figura como elo de coesão entre muitos autores. Contrapondo-se a essa linha de raciocínio, os pesquisadores da chamada "História Nova" também têm dado sua contribuição, sobretudo baseando-se em autores como Henri Lefebvre, que trabalhou a dimensão da vida cotidiana a partir de pressupostos marxistas.

Cada estudo, cada publicação, cada tentativa, mesmo que contrapostos em termos teóricos e metodológicos, são importantes para se compreender a evolução do pensamento geográfico acerca do assunto em pauta. Uma das obras mais importantes, feita a partir do ponto de vista da Geografia, foi publicada em 1972 por Pierre George. Trata-se de um pequeno estudo no qual o autor lança algumas bases de análise de determinadas dimensões do consumo, preocupando-se fundamentalmente com as repercussões socioespaciais desse fenômeno em escalas mais amplas.

A questão do subconsumo expresso pela necessidade de alimentação e suas relações com a acessibilidade aos alimentos consistiu em um de seus principais pontos de debate, além de temas como as diferenças e semelhanças do consumo em espaços rurais e urbanos, bem como a preocupação em estabelecer distinções entre áreas ricas e pobres do planeta.

Esse livro, citado em boa parte dos estudos dessa temática em muitos países do mundo, remete a reflexão a uma certa nostalgia, quando há cerca de 30 anos já se podia perceber e denunciar algumas distorções sociais nas formas de consumo entre as distintas classes sociais. Tudo isso à escala global permitindo análises de todo o planeta, característica comum nas discussões desse autor.

Trinta anos depois, a situação se mostra muito diferente. A clássica obra se desatualizou, mas deixa a semente de sua inquietação plantada. E ela germinou, cresceu e hoje constitui um dos temas de maior preocupação dos geógrafos da atualidade. Pierre George não foi um pesquisador pioneiro nessa temática, nem se dedicou exclusivamente a ela, mas certamente foi um dos mais relevantes e de maior inserção internacional em seu tempo.

A partir de Pierre GEORGE, muitos geógrafos passaram a analisar o consumo a partir de parâmetros próprios de cada fase histórica. Hoje, ao mesmo tempo em que a escala planetária permanece importante na abordagem, por parte de muitos pesquisadores, de temas como a globalização, surge um movimento de estudos da escala local, não somente como uma forma de compreender os contrapontos que se estabelecem entre ambas, mas sobretudo como um esforço de se entender as múltiplas nuances e as muitas implicações do consumo, sobretudo urbano. Retoma-se, assim, a dimensão local como escala de análise de determinados processos, conforme lembrou a Profa. Dra. Aurora Garcia BALESTREROS (2000: 1414):

> *"La recuperación del estudio de los lugares es ya un hecho a finales del siglo XX. Recuperación que supone una renovación del propio concepto de lugar y de los métodos y técnicas para su estudio, y especialmente la toma de conciencia por parte de los geógrafos de que en la era de la globalización el estudio crítico de los lugares puede dar un nuevo sentido nuestra disciplina."*

Ao se tomar como base a obra de Milton Santos, pode-se dizer que o consumo urbano reflete de forma bem clara esse momento histórico por ele chamado de "período técnico-científico e informacional". Segundo Milton SANTOS (2000: 1537):

> *"Parece haver acordo quanto ao fato de que a vida social, tomada como um todo, se caracteriza pela incansante renovação das forças produtivas e das relações de produção, isto é, dos modos de produção. Cada modo de produção constitui uma etapa na produção da história e se manifesta pelo aparecimento de novos instrumentos de trabalho e novas práticas sociais. Como produzir e produzir espaço são sinônimos, a cada novo modo de produção (ou a cada novo momento do mesmo modo de produção) mudam a estrutura e o funcionamento do espaço."*

Essas palavras são valiosas, sobretudo porque permitem inúmeras reflexões acerca do potencial de redefinição de processos e formas espaciais a partir da introdução e/ou intensificação de uma determinada atividade produtiva como o comércio e os serviços, por exemplo.

O que se pode observar, cada vez mais, é que as grandes cidades têm seus processos de reprodução estruturados a partir de pressupostos históricos muito mais voltados para os interesses capitalistas de determinados atores sociais, em suas múltiplas escalas, que os desejos sociais mais simples do dia-a-dia, motivo de grande incentivo da segregação e ampliação de formas recentes de desigualdades entre pessoas, empresas e inclusive lugares.

Assim, a chamada Geografia do Consumo, se é verdade que ela existe como tal, assume importante papel na medida em que possibilita compreender aquilo que Milton SANTOS (2000: 1537) chamou de "modo de produção técnico-científico". Enquanto Geografia, essa categoria de análise social observa os processos responsáveis pela reprodução capitalista, bem como das formas socioespaciais que dela derivam. Preocupa-se, ainda, com as relações que os lugares, as empresas e as pessoas passam a estabelecer entre si e, desse "todo", tira conclusões que, por vezes, podem se contrapor ao cenário posto e de uma certa forma insuflar a desobediência coletiva ao modo de vida consumista que as grandes estratégias tentam, a todo custo, transformar em valor cultural.

Evidentemente, essa é uma perspectiva da chamada Geografia Crítica, mas que não corresponde exatamente aos objetivos de outras linhas de investigação dessa mesma ciência. Para tanto, as análises aqui realizadas se basearam fundamentalmente em quatro pontos-chave: consumo, lugar, tempo e pessoas, e, ao mesmo tempo, enfocaram mais detidamente alguns aspectos da cultura pós-moderna, as estratégias de marketing, o mercado informal e o uso das residências como locais de consumo.

Esses fatores (e muitos outros) que contracenam no meio urbano, são costurados pelo alto pelas estratégias da reprodução capitalista. As pessoas se comportam como marionetes, porque via de regra não questionam as tolas atitudes do dia-a-dia, que muitas vezes são exatamente os reflexos da vontade das altas esferas de "gestão" da vida cotidiana.

A bibliografia angariada por meio de periódicos e obras especializadas, bem como livros de temas paralelos, possui um amplo conjunto de intenções: criticar, questionar, duvidar e mudar, entre outros propósitos. Nesse sentido, a Geografia que se mostra a partir dessa contribuição não difere em nada da que tantos autores já trabalharam desde longos anos. Tampouco traz considerações revolucionárias, uma vez que suas pretensões são outras. Vincula-se à necessidade de compreender para propor mudanças, mesmo que acusadas de "retóricas".

PRAZERES E TEMPO DE NÃO-TRABALHO: ESTRATÉGIAS DE APROPRIAÇÃO DA VIDA PRIVADA

> *"La simultaneidad entre los lugares no es simplesmente la del tiempo físico, o tiempo del reloj, sino la del tiempo social, la de los momentos de la vida social. Este tiempo que se encuentra en todos los lugares es el tiempo de la metrópoli, que retransmite a todo el territorio el tiempo del Estado y el tiempo de las grandes empresas y de las multinacionales, se tiene tiempos subalternos y diferenciados por las dominancias específicas, una nueva jerarquía se impone entre los lugares, una jerarquía de una calidad diferente, basada en una diferenciación mucho más afirmada entre los diversos puntos del território."*
>
> *Milton SANTOS (1990: 57)*

São muitos os parâmetros que permitem conhecer um pouco mais os caminhos trilhados pelo consumo na atualidade. As ciências da sociedade têm mostrado esses caminhos a partir de um consistente conjunto de publicações, cujo caráter temático se apresenta tão amplo quanto o elenco de disciplinas que o estuda. Sociologia, Antropologia, História, Economia, Geografia, Arquitetura e muitas outras estão empenhando importantes esforços na compreensão do assunto.

São as categorias temático-metodológicas, utilizadas na composição do enfoque, que têm configurado a identidade de cada linha de pesquisa. No caso específico da Geografia, a dimensão espacial, no que se refere ao uso do território não somente como suporte, mas inclusive como ator do processo de construção da imagem das cidades, tem sido o elemento característico da abordagem de muitos autores.

Não se trata somente do que consumir, mas de onde e a partir de quais estímulos, considerando ainda o papel dos lugares na configuração dos estratos sociais. Assim, para cada estrutura cultural, para cada densidade técnica, para cada nível de inserção ou de exclusão dos atores do meio urbano em engrenagens regionais, nacionais e globais, a cidade poderá evidenciar uma determinada quantidade de características que exigem análises mais detidas.

O que se deseja esclarecer é que, mesmo vivendo hoje em um mundo globalizado onde as macroestratégias do capitalismo costuram pelo alto as ações locais em todo o mundo, não se pode ousar fazer um estudo de Geografia do Consumo que sirva de parâmetro imutável para todos os recantos do mundo. Evidentemente as implicações socioespaciais que se processam em países inseridos no processo global de decisões não serão as mesmas em países excluídos.

Seguindo essa linha de reflexão, as discussões realizadas neste estudo não são aplicáveis a qualquer centro urbano, senão às metrópoles ou centros urbanos de forte conteúdo global em sua tecnoesfera[3], que de alguma forma se assemelham no que tange à lógica socioespacial do consumo.

De início, um elemento importante é o caráter temporoespacial do consumo. Ele está estrategicamente associado a signos: realiza sonhos e desejos em lugares específicos, lidando com a satisfação momentânea dos indivíduos. Momentânea por causa da necessidade de reformulação constante do universo de ofertas.

Nas sociedades pós-modernas, o tempo livre se converte cada vez mais em tempo de consumo, motivo pelo qual este tem-se tornado cada vez mais objeto de investigação de muitas ciências. O tempo tem servido de parâmetro para se observar o comportamento dos consumidores para além da "escolha" dos luga-

[3] Segundo Milton Santos (1988: 10), as técnicas que constituem o conteúdo da tecnoesfera são um "*conjunto de meios de toda espécie de que o homem dispõe em um dado momento, e dentro de uma organização social, econômica e política, para modificar a natureza, seja a natureza virgem, seja a natureza já alterada (...). Devem ser entendidas em sua co-habitação em um lugar, mas também na sua sucessão*".

res, pois as pessoas escolhem ainda o tempo que permanecerão consumindo. Não se trata somente de onde, mas de quando e por quanto tempo consumir.

Assim, como já lembrou RODRIGUES (1997: 105-17), o tempo pode ser visto como um recurso, uma certa forma de "objeto de manipulação" da vontade coletiva, fruto de um processo contínuo de expropriação das horas de não-trabalho. A mídia de massa se encarrega cada vez mais de criar novas necessidades, que abstraem das pessoas alguns hábitos pouco rentáveis, geralmente desfrutáveis no tempo de ócio. O uso do tempo livre se converte em ato consumista dos espaços de comércio, de serviços e de lazer, de forma cada vez mais acrítica e cada vez mais intensiva.

> *"O tempo livre torna-se um tempo social e o lazer torna-se um produto da sociedade de consumo, mercadoria que se vende e se compra. A evolução atual da sociedade industrial mostra que o tempo livre, longe de ser um tempo privado do indivíduo, do seu encontro consigo mesmo, torna-se um tempo social, ou seja, criador de novas relações sociais carregadas de novos valores."*
>
> *RODRIGUES (1997: 109)*

Usar as férias para curtir a casa, passar mais tempo com a família, ler aquele romance que tanto interessava, mas que o tempo era curto... são, dentro da lógica vigente, atividades bem menos prestigiosas que viajar. Até porque a população das grandes cidades já foi devidamente convencida de que feriados prolongados e férias são sinônimos de viagens. A deturpação da idéia de tempo livre chegou ao ponto de as pessoas não saberem diferenciá-lo do tempo de "não-atividade econômica". Isso significa dizer que não se considera o tempo da família, da religião e da manutenção das necessidades de ordem vital como livres, mas sim aquele em que puramente há diversão.

A idéia de diversão, também pervertida, leva gigantescos contingentes de consumidores a passar seu tempo livre em centros comerciais e shoppings centers, onde opções de divertimento (cinemas, boates, teatros, praças de alimentação, clubes, etc.) se mesclam com as lojas que, "por coincidência", estão vendendo exatamente o produto que se deseja ter.

O tempo livre dos estratos sociais mais pobres, mesmo em países periféricos, também passou pelo mesmo processo de expropriação. Inibidos pelo luxo das grandes superfícies de consumo, os estratos sociais mais baixos já "descobriram" oportunidades valiosíssimas de consumo disfarçadas de divertimento: assistir ao jogo de futebol no barzinho do bairro, logicamente regado com bastante cerveja; a ida à praia, o churrasco na casa do amigo, a festinha e muitas outras oportunidades de divertir-se comendo, bebendo, fumando algo que foi comprado em algum lugar. Para esses estratos de consumidores menos enriquecidos, oferecem-se ainda os chamados "shoppings populares", as feiras de rua, o mercado informal, entre outras oportunidades.

Pode-se dizer que a apropriação do tempo livre é fruto do próprio processo de consolidação do modelo pós-moderno de vida urbana. O que é ócio para uns, é trabalho para outros. Enquanto classes mais ricas desfrutam do tempo de não-trabalho, outras buscam complementar renda trabalhando em casa, em outras empresas e mesmo com o mercado informal, ou seja, as desigualdades sociais já podem ser percebidas até mesmo pelo direito ou não ao desfrute da preguiça.

Esse modelo de vida em que as pessoas vivenciam determinadas facetas das oportunidades do "novo" de acordo com suas possibilidades tem gerado uma população urbana cada vez mais solitária, mais desequilibrada, com menos amigos e repleta de insatisfações. Ter tempo pode significar ter sofrimento para algumas pessoas, motivo pelo qual sempre se arranja o que fazer.

Se as famílias de modo geral não são fragmentadas, pelo menos são cada vez mais desencontradas nesse turbilhão de coisas que se fazem todos os dias. Tudo isso se projeta no espaço de consumo por meio da imensa oferta de oportunidades que o setor comercial oferece aos cidadãos. Joga-se simultaneamente com o seu tempo e com o seu desejo de prazer. Capta-se, e muito bem, o sentido desse desejo de alegria sincera e transformam-se os cidadãos em equipamentos de uso consumista como resposta ao que a vida agitada já não pode mais oferecer a contento. Multiplica-se geometricamente o número de pessoas solitárias (o que não quer dizer solteiras), que alimentam algumas indústrias especializadas em fabricar felicidades: a das religiões e a da auto-ajuda, entre outras.

Tarôs, runas, padres, pastores, livros do tipo "como ser feliz com...", tudo isso mostra o quanto os sentimentos e os desejos humanos são transformados cada vez mais em objetos de manipulação social. Pelas ruas se vêem novos comércios que abrem portas não somente físicas, mas sobretudo à realização de sonhos de um corpo melhor, de uma alma mais forte, de uma auto-estima mais equilibrada e, com tanta perfeição, quem sabe se pode encontrar ou conquistar definitivamente a pessoa que se ama?

Prazeres como a estética se transformam em academias de ginásticas, salões de beleza, clínicas de cirurgia plástica, perfumarias, lojas especializadas em cosméticos e muitos outros exemplos.

O sexo, prazer tão comum que parece ser tão democrático, já se reverte de novos ritos. Não basta fazer sexo, mas com quem fazer, onde fazer e a partir de que tipo de estrutura. O que se quer dizer é que a mercantilização da sexualidade expropria atos simples, comuns em determinadas sociedades. Que marca de camisinha usar? Que hotel ou motel freqüentar? Que prostituta ou garoto de programa contratar? Que acessórios são mais excitantes?

A propósito, não usar acessórios "impregna a relação de profundo tédio". Para solucionar isso, os sexshops das cidades oferecem aparatos que fascinam tanto quanto escandalizam. Com tudo isso, criam-se segmentações de mercados que por vezes setorizam determinadas estruturas de consumo em partes da cidade. Formam-se, assim, territórios de prostituição, guetos gays, centros de motelaria, comuns no Brasil e nos Estados Unidos, circuitos de cinemas pornôs, imprensa especializada, livrarias e tudo mais.

Assim, o prazer do sexo se materializa especialmente nos cinemas pornôs, nas boates de *streapers*, nos sexshops, nas linhas telefônicas do disque-isso e aquilo, nas bancas de revistas eróticas, nas ruas de prostituição e em muitos outros exemplos. A venda de camisinhas mostra isso muito bem, pois, além da necessidade de proteção contra a gravidez e a Aids, deve-se tornar a coisa divertida por meio de preservativos coloridos, ou com sabores, ou ainda com emblemas de times de futebol.

A sensação de pertencer expressa no prazer de ser aceito como tal em algum lugar também se faz notar de forma clara nos espaços de consumo: boates e bares gays, clubes e praias naturistas, hotéis para mulheres de negócio, centros de recreação de terceira idade e muitos outros lugares, onde a senha de entrada é a semelhança com os demais freqüentadores e um certo sentimento de diferença em relação ao restante da coletividade.

O prazer da saúde se transforma em restaurantes *lights* ou naturais, em hospitais privados de alto luxo, farmácias de produtos preparados sob medida para cada cliente e outros. Enfim, estes são apenas alguns exemplos de prazeres que são inerentes à condição humana, que são capturados pelas empresas que prometem otimizá-los por intermédio de seus produtos.

A apropriação do prazer se dá então em lugares determinados, durante horários específicos e, assim, as pessoas vivenciam a sensação da superação, pelo menos em parte, de suas neuroses pessoais. Parece inacreditável que, cada vez mais, um número maior de pessoas se sintam solitárias e desatendidas, mesmo estando em círculos familiares e de trabalho. Literalmente se percebem sozinhas em plena multidão. Com isso, pode-se verificar uma certa contradição na Geografia do Consumo: o onde se faz cada vez mais presente, na mesma medida em que o lugar se mostra cada vez mais disfarçado de slogans.

Para finalizar essas reflexões, vale a pena discutir alguns aspectos de uma outra fonte de inspiração para as empresas: o estresse. As incertezas do mundo também provocam estresse mesmo em quem não trabalha. Pelo menos essa é a idéia que algumas propagandas pretendem reforçar. O próprio fato de existir pressupõe estresse. Estressa-se até mesmo após a morte, pois não se pode esquecer que, na atualidade, proliferam as religiões que em troco de 20 ou 30 dólares asseguram que os bons espíritos irão possibilitar-lhe este ou aquele favor.

Para o estresse, recomendam-se muitos remédios, exercícios, uma vida mais saudável, aquela viagem que está na promoção. Tudo acaba se resumindo ao consumo de coisas. Coisas que são produzidas em algum lugar e que vendidas em outros. Assim, a definição e redefinição do espaço urbano vai-se processando, às custas das mais diferenciadas sensações humanas, inclusive.

OS ESPAÇOS DE CONSUMO: PÓS-MODERNIDADE E APELOS DE TRANSCULTURALIZAÇÃO DO MEIO URBANO

"Há um mundo melhor onde mora a felicidade, só que custa caríssimo!"
"Dinheiro não traz felicidade, mas alivia a tristeza quando se pode chorar dentro de uma BMW."
"Pobreza é a síndrome do querer e não poder."
"Sabe o que é exibicionismo social? É aquele lado norte-americano que cada um leva dentro de si."
"Quem gosta de homem é bicha. Mulher gosta é de dinheiro."

Frases populares de pára-choques de caminhões no Brasil

Se for verdade que vivemos hoje uma era na qual a aceleração da velocidade de mudanças define as relações empresariais, pessoais e, por conseqüência, territoriais, é verdade também que mais um elemento delineia diferenças sociais: o tempo. Quem o tem de sobra, além de seu sustento garantido, pode, sem sombra de dúvidas, sentir-se privilegiado.

A esse respeito, para PÉREZ (2000: 1582) o fenômeno da globalização não é algo recente, pois, desde tempos mais remotos, podia-se observar a ação de determinadas sociedades a expandirem suas influências por terras diversas, as mais longínquas, a que se podia chegar e dominar. Na sua concepção, não é um fenômeno dos dias de hoje, mas o que define sua dinâmica atual é uma revolução temporoespacial, que se expressa na aceleração constante da velocidade das mudanças que provoca, bem como na extensão espacial dos acontecimentos e suas repercussões.

O mundo pós-moderno é cada vez mais cheio de incertezas. Os cidadãos são lançados nesse universo de inconsistências e se sentem ameaçados pela velocidade em que as mudanças ocorrem. Amedrontados e ao mesmo tempo fascinados pela avalanche de novidades, consumir passa a ser um ato de existir, ou seja, ter um sem-número de coisas significa estar inserido no mundo das novidades, no qual a posse figura como elemento de segurança. Pode-se dizer que essa estrutura posta e cada vez mais reforçada pelo processo da globalização é fruto direto da cultura pós-moderna, ou seja, esse período histórico atual...

> *"Configurado espacialmente de forma assincrônica, que se apresenta como algo espetacular, populista, alienador, anticomunista, anti-religioso, e inclusive prega a antidogmatização da vida cotidiana, mesmo que estes dogmas sejam contraditoriamente ditados pelo próprio capitalismo."*[4]

Para melhor se compreender esse contexto de emergência do consumo como um valor da pós-modernidade, vale a pena discutir um pouco mais a fundo o que se entende por ela e de que maneira as atividades comerciais se organizam e se projetam no espaço, passando cada dia mais a fazer parte das instâncias de regulação direta da vida cotidiana.

Conforme a grande maioria dos autores, os modelos de desenvolvimento fordista e pós-fordista foram a base do discurso da modernidade, quando a maior parte das sociedades do mundo ocidental, ou ocidentalizado, se esforçava para incrementar seus setores industriais, bem como fazer reproduzir o máximo de tecnologia que possibilitasse o fortalecimento econômico baseando-se na indústria, sobretudo a pesada.

Com os crescentes aportes sofridos pelos diversos setores produtivos em todo o mundo, o conteúdo das práticas produtivas passou por grandes transformações a partir da Segunda Guerra Mundial. O setor terciário intensificou seu potencial de acumulação e passou a aportar muito mais técnicas, na medida em que dinamizou mais e mais o setor informacional.

Pode-se dizer que o discurso da modernidade se baseava em uma clara ruptura socioprodutiva, em que o moderno, o novo se materializava especialmente por intermédio do setor industrial e de toda sua capacidade de aportes. Por sua vez, o discurso da pós-modernidade baseia-se no conteúdo da tecnoesfera dos lugares, cuja base de vinculação com o mundo globalizado é seu setor informacional. Essa alteração foi permitida pelos avanços das ciências, das múltiplas formas de comunicação e da tecnologia, que são as forças alimentadoras da pós-modernidade.

Isso, na prática, significa que um lugar pode assumir na atualidade aspecto de centralidade no mundo global sem nunca ter experimentado desenvolvimento via indústria. Pode-se citar, como exemplo, uma série de grandes centros turísticos dos grandes eixos de circulação global, que basearam seu desenvolvimento e a densificação de suas tecnoesferas nos setores de comércio e serviços, graças à estrutura oferecida pelos meios informacionais, inclusive nos centros emissores nos quais a produção do lugar turístico se inicia pela compra da viagem.

---

[4] Palavras da Profa. Dra. Maria Carmen Pérez Sierra, durante suas aulas no curso "Consumo, Território e Sociedade", integrante do Programa de Doutorado em Geografia Humana da Universidade Complutense de Madrid, em março de 2000.

Se a modernidade se caracterizava ainda por uma densificação dos lugares a partir de suas forças produtivas localizadas, pode-se dizer, parodiando aqui as palavras do Prof. Dr. Armando Correia (1988), que na pós-modernidade, o capitalismo produz os espaços a partir de estratégias que podem se encontrar fora dos lugares. Com isso se quer dizer que a configuração dos lugares se concretiza em grande medida, a partir de intenções e decisões tomadas a longas distâncias.

É prudente nesse momento lembrar que tanto o discurso da modernidade quanto o da pós-modernidade se fundamentam no solo cultural do mundo ocidental, conforme já ressaltou SOUZA (1996: 5). E, como toda ação estratégica do mundo capitalista, essas idéias se configuram de formas diferenciadas, gerando cada vez mais desigualdades territoriais, empresariais e entre estratos sociais. Cada vez mais, os centros de difusão da pós-modernidade se distanciam dos que sofrem suas interferências, em função de imposições culturais sintonizadas com os interesses das redes de empresas que configuram essa era de hegemonia do setor terciário, mais especificamente as do chamado "circuito superior" da economia globalizada (Milton SANTOS, 1985, 1994 e 1996).

Isso quer dizer que se vive hoje o mundo da pós-modernidade porque os lugares centrais das decisões capitalistas assim se caracterizam. No entanto, ainda hoje, são muitos os lugares que sequer têm a oportunidade de conhecer outras realidades que não a tradicional, na qual o extrativismo artesanal permanece como base de sobrevivência, fato que continuará a existir ainda por muitos anos. A pós-modernidade é seletiva e segregadora, tanto quanto foi (e em alguns lugares continua sendo) a modernidade. Isso faz com que pessoas, lugares, empresas e outras instituições experimentem uma certa sensação de não pertencer a determinadas esferas da reprodução capitalista. Incluem-se em outros grupos e, assim, definem novas articulações regionais que fazem girar a roda da fortuna. No centro do eixo, no qual o tempo de rotação é pequeno, figuram empresas e lugares de maior inserção. Nas pontas, milhares de pessoas de centenas de países, de cores e matizes distintos, que têm em comum a espera passiva pelas sobras, pelas migalhas dos primeiros. Como estão no ponto de rotação mais lento, usam, compram, experimentam aquilo que já é altamente ultrapassado para o estilo produtivo e de vida dos centros de poder e decisão. No mundo globalizado, a velocidade parece ser o elemento mais dinâmico. É ela que define que está em um ponto "a" ou "b" na estrutura da roda da fortuna.

A comercialização de produtos por meio das grandes redes, da Internet ou ainda por catálogos, somente como exemplos, dá às pessoas a sensação de viverem em um mundo sem fronteiras. Pode-se comprar um tênis fabricado simultaneamente em seis ou sete países, por exemplo. Cada vez mais se redefinem as formas de produção e, com isso, incrementam-se as possibilidades de acesso aos seus frutos. Paradoxalmente, na medida em que as fronteiras nacionais são erodidas ao se produzir ou ao se consumir, erguem-se novos limites, estabelecem-se novas fronteiras, que passam a ser muito mais identitárias que político-administrativas. São as fronteiras culturais (que sobrevivem em tempos de expansão de alguns traços padronizadores), manifestadas em distintas formas de ações religiosas, comportamentais, político-ideológicas, que nem sempre coincidem com as nacionais. A esse respeito, PÉREZ (2000: 1582-3) afirmou que:

> *"(...) El creciente poder de las empresas transnacionales y la fuerza del sistema financiero internacional, que tienden a encoger el mundo y a protagonizar el fenómeno global, conviven con alarmantes señales de fragmentación y de fuerzas sociales centrífugas. Al mundo sin fronteras que promete el nuevo capitalismo se opone la erosión del poder de los Estados que reclaman cada vez más crecientes poderes para tomar decisiones a nivel local, y se sueña con un mapa donde se dibujan nuevos limites y fronteras."*

Mas, mesmo nesses casos, as grandes redes industriais e comerciais procuram penetrar e inserir suas ofertas, na medida em que usam como instrumento de convencimento as próprias características sociais mais específicas. Com isso se quer dizer que, tão importantes quanto as ações que minam as fronteiras dos Estados Nacionais, são também as ações que traspassam efetivamente as fronteiras culturais.

AS REFORMULAÇÕES DO MERCADO URBANO: NOVAS ESTRATÉGIAS, NOVOS ESPAÇOS DE CONSUMO E NOVAS FORMAS DE SEGREGAÇÃO SOCIAL

Na atualidade, são muitas as táticas de captação de clientela. O setor comercial tem criado inúmeras possibilidades, ofertas de produtos e lugares de consumo, que atendem cada vez mais pessoas e empresas e, ao mesmo tempo, criam-lhes uma forte sensação de tratamento individualizado, cujo principal objetivo é fortalecer os laços de relações que se estabelecem entre os sujeitos das relações de compra e venda.

Cada estratégia vincula-se a um certo número de representações que criam identidades de consumo as quais funcionam como verdadeiras senhas de acesso a determinadas esferas de relações, expressas, por exemplo, em marcas, etiquetas, anúncios, embalagens, e de forma cada vez mais "disfarçadamente evidente", nos espaços. Assim, tão importante quanto comprar alguma coisa, é definir socialmente onde comprar, daí mais uma das dimensões geográficas do consumo no espaço urbano. Vejamos alguns exemplos:

Muitos produtos que são encontrados em qualquer parte do mundo podem adquirir maior importância quando se tem definido o local de sua aquisição. Um bom exemplo são os perfumes franceses, que podem ser adquiridos em todos os países do globo, mas que possuem um toque a mais de elegância se comprados nas *Galerias Lafaiete* de Paris. Tal fato faz com que determinados lugares assumam papel importante para a comercialização de determinados produtos e serviços. Surgem assim, no meio urbano, os lugares elegantes que são freqüentados por uma parcela específica do público consumidor. Esses ambientes de consumo de luxo são desejados por outras classes de consumidores de poder de compra menor, que muitas vezes, para ter acesso aos produtos de lugares de luxo, adquirem imitações de qualidade inferior, mas cujo modelo representa sua inserção ao modismo posto.

O valor simbólico dos objetos de consumo define o valor do uso do espaço. As lojas investem mais em publicidade, em decoração, em segurança e, em contrapartida, repassam esses custos para as mercadorias, que, uma vez consumidas, conferem aos compradores um status de grande repercussão. Um presente não tem o mesmo valor simbólico se envolto em um papel de presente de uma loja de bairro em comparação com as bolsas padronizadas dos magazines mais elegantes, mesmo quando se trata de mesmo artigo, de mesma marca e preço.

Uma das conseqüências mais características dessa atribuição de valor simbólico aos produtos e aos lugares de compra é que, a partir desse fenômeno, se instala no meio urbano uma certa competitividade entre os lugares de consumo, que não só passam a disputar a preferência dos consumidores, como sobretudo procuram reforçar suas imagens públicas, pois o ponto básico da disputa reside na "ideologia da elegância".

Mas, se cada vez mais as pessoas consomem inutilidades, pode-se fazer então uma pergunta: qual é a utilidade social do consumo de supérfluos?

A resposta dessa pergunta não é tão simples como aparentemente pode parecer. Dizer que isso é fruto do comportamento consumista parece pouco explicativo. O consumo pode-se justificar a partir de diversas perspectivas, de forma que, para se compreender o sentido da aquisição, deve-se transcender às respostas aparentes e buscar o significado das lógicas mais concretas.

Do ponto de vista socioespacial, os lugares elegantes se reforçam como sonho de uma parcela cada vez maior do público em geral, o que põe em má situação o chamado comércio periférico, ou de bairro, que não consegue estabelecer um padrão de competição com os estabelecimentos de lugares de luxo. A saída é entrar no jogo, diversificando produtos (muitas vezes os mesmos ou até de qualidade melhor) e assegurando facilidades.

Tudo isso faz parte da constante criação e recriação do chamado "alto consumo"[5], que consiste na produção de objetos para a aquisição por parte das pessoas que se situam nos mais altos estratos sociais, as quais servem de referência (formadores de opinião) para a sociedade como um todo. São marcas de perfumes, jóias e roupas, modelos de carros, lugares de lazer e viagens e muitas outras coisas, que, uma vez concretizados, definem em boa parte as estratégias do consumo de massa, visto que este se baseia em um certo estilo desejável, porém propositadamente inalcançável em sua totalidade, para que os circuitos se mantenham.

Assim, os lugares do chamado "alto consumo" se tornam sacralizados, podendo, inclusive, se tornar importantes ambientes de visitação turística nas grandes cidades. É o caso das elegantes avenidas da moda parisiense, onde os visitantes não economizam fotografias junto aos portais das requintadas matrizes de lojas, que possuem filiais em suas cidades de origem.

É comum se observar, também, a valorização da chamada "cultura erudita" por parte das pessoas que têm mais recursos e/ou acesso a um nível de educação elitista que os diferencia de outras classes de consumidores. É o caso da música clássica, do cinema de arte alternativa, do balé, da ópera, das pinturas e esculturas e, mais recentemente, dos achados arqueológicos como objetos de decoração.

Um exemplo de valorização dos produtos da "cultura erudita", em função do lugar de sua aquisição, está ocorrendo agora com o setor do "comércio cultural". Comprar uma obra de arte em uma galeria requintada pode ser mais elegante que comprar de um proprietário, mesmo que o preço seja o mesmo. Cada vez mais as casas de cultura, os museus e as galerias estão oferecendo produtos aos visitantes, como forma inclusive de se manterem abertos. Conferem certificados de compra que servem como atestado de elegância. Bom exemplo é a aquisição de livros de história da arte: é muito mais glamuroso comprá-los no museu do Prado em Madrid, ou no do Louvre, em Paris, que em uma livraria convencional.

Pode-se dizer ainda que o espaço de consumo é utilizado por determinados estratos para delimitar relações sociais. Daí algumas contradições que podem surgir em alguns lugares aparentemente públicos, mas que possuem um código de normas muito bem postas, que limitam o acesso e a liberdade de boa parte da população. Os shoppings centers costumam ser apontados como os exemplos mais claros, mas podem-se citar outros. Os clubes e praias nudistas abrigam pessoas de distintas classes sociais, mas que mantêm entre si uma forte coesão, fruto da partilha de ideais comuns. Os códigos

---

[5] Expressão que define na Espanha e em Portugal os lugares de consumo de luxo.

de normas ditados por essas pessoas são rígidos e, em uma praia supostamente pública, as pessoas são levadas a se comportarem exatamente "como manda o regulamento", pois a construção de uma psicoesfera, usando aqui as idéias de Milton SANTOS (1996: 203), estipula regras de uso e, por conseqüência, limita o acesso do grande público.

Nesses casos, os ideais de cada grupo, manifestados pelos clichês culturais, são verdadeiras senhas de entrada ou de não-entrada em lugares de consumo. Outros exemplos de senhas são sobrenomes, nível de formação acadêmica, ter estudado nesta ou naquela universidade, comprar nesta ou naquela loja, freqüentar este ou aquele clube ou, ainda, ter ido àquele lugar turístico freqüentado pelo estrato a que se pertence ou a que se deseja pertencer.

Esses clichês são importantíssimos para se compreender a dinâmica de determinados processos de inclusão ou de exclusão social. É comum perceber isso quando, em requintados restaurantes de grandes cidades, se vêem pessoas que não são freqüentadoras do recinto, mas que por algum motivo, como um aniversário, comparecem para comemorar. Os clientes tradicionais rechaçam de imediato quando os "pobres coitados" se perdem com o francês e/ou italiano das cartas de vinhos.

CONSUMO E SEGREGAÇÃO "INCLUDENTE"

Por mais que possa parecer ilógico o título deste tópico, essa é exatamente a idéia das atuais estratégias de difusão de produtos nos circuitos comerciais de baixa e média rendas. Viu-se anteriormente que o mercado apresenta-se aos olhos dos pesquisadores das ciências da sociedade como uma dimensão da reprodução social, na qual as pessoas, as empresas e inclusive os lugares são separados segundo desejos muitas vezes alheios às suas vontades, mas que têm relação com o próprio modo de regulação do ideal de acumulação.

O que se deseja mostrar a partir deste momento é exatamente o processo que parece ser inverso, ou seja, a oportunização de consumo para os grupos segregados, que, no entanto, não passa de compasso de uma mesma dança, na qual os bailarinos – atores sociais – seguem o mesmo ritmo, cantam a mesma música e obedecem à mesma coreografia. Tudo isso faz parte de um mesmo processo que, por mais que se mostre aparentemente contraditório, é na realidade muito mais planejado do que o censo comum pode alcançar.

Parece prudente, a essa altura das discussões, questionar alguns pontos fundamentais da idéia de inclusão e de exclusão: Quem segrega quem? De que forma? Onde?

Em primeiro lugar, uma distinção importante que se deve fazer, no que se refere a empresas segregadas, diz respeito aos conceitos de exclusão e incompetência da estratégia de alcance. Deve-se sempre observar se a intenção da estratégia é atingir um público específico, pois muitas vezes campanhas equivocadas e mal planejadas fazem com que um produto não alcance o universo total de consumidores para o qual foi produzido.

Para assegurar que a clientela receberá as informações necessárias para decidir a favor da aquisição, produzem-se encartes de jornais, programas de televisão, merchandising em programas de grande audiência, publicam-se revistas e catálogos, entre outros exemplos. Com isso, os consumidores aprendem a ser compradores perfeitos, capazes de adquirir, adorar o que adquirem, divulgar (gratuitamente, porque é elegante ter algo novo), e em seguida desejar algo para complementar uma felicidade consumista jamais alcançada.

Isto significa dizer que, para cada estrato social, criam-se oportunidades de consumo e acesso a determinados bens, de modo que as pessoas situadas na faixa mais mediana e baixa do circuito são inseridas em determinadas estruturas criadas para que se sintam mais à vontade para comprar, não somente pelos preços mais acessíveis, mas sobretudo pelo próprio caráter dos lugares produzidos pelo e para o comércio popular.

Assim, por mais tentador que possa ser criar uma pirâmide para explicar a estrutura de consumo a partir dos estratos sociais, deve-se lembrar que o capital se reproduz de distintas formas em todos os níveis sociais, inclusive utilizando os mesmos produtos. O que hoje é símbolo de desejo e consumo de um estrato mais privilegiado será em pouco tempo o desejo dos estratos mais pobres. Daí dois fenômenos interessantes: por um lado, algumas empresas criam linhas de produtos semelhantes para mais de um nível social de consumo, e, por outro, uma série de outras empresas especializadas na clonagem de similares se encarregarão de massificar determinados produtos a custos e preços mais baixos.

Deve-se lembrar que a prática tradicional de classificar os consumidores segundo seus ingressos já não é suficientemente competente para os dias atuais. Vive-se hoje um momento em que novas características são aportadas propositadamente ao comportamento dos consumidores, de modo que variáveis como: acesso à informação de massa, entorno cultural, possibilidades de acesso aos lugares de consumo e interesse de alcance social das empresas, entre outros exemplos, também precisam ser consideradas.

As promoções, os sorteios, as liquidações e muitos outros exemplos de campanhas são importantes socialmente, uma vez que permitem a uma classe de consumidores situada imediatamente abaixo da clientela habitual não só ter acesso aos produtos consumidos pela camada mais "elegante", mas sobretudo freqüentar os lugares que em seus imaginários lhes são proibitivos. Isso faz surgir uma certa competitividade entre os estabelecimentos mais elegantes e os considerados medianos, bem como entre os medianos e os considerados inferiores.

Muitas vezes, algumas campanhas de promoções e descontos são conseguidas mediante agravamento da exploração da força de trabalho em um ou mais períodos da produção do objeto de consumo. Para se ter preços mais acessíveis sem comprometer a qualidade, produzem-se injustiças sociais que se refletem no baixo custo da produção e, por conseqüência, no preço final do produto.

Em contraposição, a prática de algumas empresas para valorizar a sua força de trabalho[6] gera o encarecimento de determinados produtos. Daí a sensação dos turistas do mundo periférico de que tudo é caríssimo quando se visita um país como a França, a Espanha ou a Bélgica. Paradoxalmente, a justiça social custa caro e isso se reflete nos preços, gerando exclusões para algumas classes de consumidores, como os turistas de classe média do mundo subdesenvolvido.

Mas a atenção às classes mais pobres pode-se manifestar ainda por meio da formação de nichos de mercado ou por determinadas especializações do comércio, conforme mostram as argumentações que seguem.

Destinados à satisfação de necessidades imediatas de todas as parcelas sociais, proliferam nas grandes e médias cidades os chamados comércios de preço-padrão, como por exemplo as lojas de "Todo a Cien", na Espanha, e de "R$ 1,99", no Brasil. São geralmente produtos de uso cotidiano, pessoais, de escritório e para o lar, que não exigem grande qualidade. São aquelas coisas que as pessoas compram porque são baratas, pois, em geral, não satisfazem necessidades imperantes. Alguns desses produtos são bastante procurados nesses estabelecimentos, pois seus similares em outros meios comerciais são bem mais caros, embora nem sempre proibitivos.

São produtos, em geral, importados do leste asiático e de países subdesenvolvidos, bem como sobras de indústrias adquiridas em grandes quantidades. Na Espanha, seus proprietários são via de regra de origem asiática, contrapondo-se às lojas brasileiras, que muitas vezes podem pertencer a grandes redes estabelecidas para explorar essa categoria de consumo.

Pode-se encontrar também uma grande quantidade de produtos que imitam os totens do consumo de massa. São marcas distintas que imitam as formas e os desenhos mais desejados, cujos originais são bastante caros: perfumes, produtos de beleza, porcelanas e outros. Nesse caso, os objetos simulam a elegância dos demais e jogam com o valor simbólico dos mesmos.

---

[6] Vale ressaltar que em alguns países onde as sociedades são mais bem organizadas os trabalhadores conquistaram a "duras penas" melhores condições de trabalho e de salários.

Os consumidores de diversas camadas sociais se entregam cada dia mais às ofertas dessas lojas, pois são bastante acessíveis, podendo estar tanto no comércio de bairro quanto em ruas mais discretas dos setores urbanos mais privilegiados. As estratégias de cobertura territorial desses estabelecimentos são muito interessantes, podendo apresentar uma certa concentração em determinados bairros, como também buscar recantos que ainda não foram atendidos por outros competidores, até mesmo porque os produtos comercializados e os preços praticados são quase os mesmos em todas as lojas.

Também merecem destaque as empresas que comercializam produtos de segunda mão. Existem lojas especializadas em compra e venda desses produtos, que podem ser de naturezas diversas: para o lar, escritório, material desportivo, uso pessoal, informática, decoração e muito mais. São artigos seminovos, que podem estar ou não ultrapassados por outros modelos. Oferecem, em geral, um mês de garantia, e para atender à demanda, que é grande, chegam a formar grandes cadeias.

Essa categoria de lojas atende de distintas formas as diversas classes sociais: as mais ricas se desfazem daquilo que supõem não ter mais valor ou uso, ou que for desatualizado por novos modelos adquiridos, e as populares, por um preço mais baixo e com planos de parcelamento, adquirem objetos diversos que seus salários não alcançariam em uma loja convencional.

Partindo agora para uma outra categoria de inclusão de classes menos favorecidas, merecem destaque, no caso das grandes cidades, as superfícies (de tamanho mediano) de multisserviços e de ofertas diferenciadas dentro dos bairros mais populares. É o caso dos hipermercados, que oferecem produtos diversos, bem como possibilidades de alguns serviços (agências de viagens, óticas, concertos de eletrodomésticos e outros), dispensando a necessidade de algumas pessoas percorrerem certos estabelecimentos para adquirir distintas mercadorias. Concentra-se a oferta para convergir o consumo e, com isso, superar o potencial competitivo das lojas menores.

Por outra parte, nota-se o crescimento das unidades multifuncionais de pequeno porte, que são normalmente inauguradas com um fim específico e que aos poucos diversificam seus serviços e produtos. É o caso dos postos de gasolina, que se expandem comercialmente como verdadeiros minishoppings, de algumas farmácias que comercializam alimentos dietéticos, bem como os clubes e academias de ginásticas que passam a comercializar produtos de beleza, alimento energéticos e *lights*, entre outros.

A idéia é assegurar o maior gasto possível da clientela, sobretudo quando se refere aos equipamentos de bairros, que sofrem com a competição das grandes redes comerciais. Nesse caso, pode-se enquadrar essa estratégia como sobretudo de reinclusão de empresas, pois os produtos são um pouco mais caros que os vendidos em estabelecimentos convencionais.

A segregação, quando chega ao âmbito das empresas, estabelece novas formas de uso e pressão territorial. Para cada categoria de estratégia de reinserção, pode-se pensar em formas de configuração da paisagem urbana, bem como dos serviços públicos que passam a ser exigidos. Alguns exemplos:

Um fenômeno interessante é o crescimento dos auto-serviços 24 horas. A idéia é oferecer aos consumidores, em qualquer momento do dia ou da noite, produtos dos mais variados que caracterizam muito bem o nome que em geral essas lojas recebem: lojas de conveniências, que comercializam produtos de qualidade mediana e alta, a preços mais elevados, porém não proibitivos.

Um fato interessante é que a estratégia do auto-serviço dispensa a contratação de grande quantidade de trabalhadores, porém aumenta os investimentos em segurança. Seguindo essa tendência, padarias, farmácias, cinemas, bares, supermercados, agências de viagens e muitos outros estabelecimentos passam a oferecer produtos durante as 24 horas do dia. Em algumas cidades, como em Curitiba, capital do Estado do Paraná, ocorre a concentração desse tipo de comércio, dando origem à chamada Rua 24 Horas, que funciona como shopping aberto, em que se cria uma estrutura de lazer e de comércio de grande segurança para os consumidores e de satisfatória lucratividade para os empresários.

Seguindo essa tendência de auto-serviços, nas mais diferenciadas lojas e cafeterias proliferam as máquinas caça-níqueis, nas quais as pessoas jogam com a possibilidade de ganhar quantias relativamente atraentes. Esse tipo de atrativo joga com o mais eminente desejo dos cidadãos: a possibilidade de ganhar dinheiro.

As loterias inspiram promoções. Em alguns shoppings centers de grandes cidades brasileiras, as casas de câmbio presenteiam os clientes que trocam seu dinheiro no valor mínimo de US$ 200 com bilhetes da loteria ou mesmo a chamada tele-sena. Turistas e estrangeiros fazem filas para comprar e vender o dinheiro americano em dias de promoções, mesmo quando a comissão de câmbio se apresenta bem salgada.

Facilita-se também a vida dos consumidores com as máquinas de auto-serviço pelas quais pode-se comprar uma vasta gama de produtos. Para os pequenos estabelecimentos de bairro, essas máquinas apresentam algumas vantagens: são fáceis de usar, seus produtos são em média bem acessíveis em relação ao preço, possibilitam a diversificação de produtos e dispensam a necessidade de contratar trabalhadores fixos. Por outro lado, podem desagradar os consumidores quando algum mecanismo não funciona e as moedas são retidas sem a entrega dos produtos. Já existem máquinas também que prestam serviços de fotografia instantânea, de confecção de cartões de visita e ainda de navegação e envio de mensagens pela Internet.

Para finalizar essas discussões, vale a pena mencionar algumas estratégias de promoções para grupos específicos, que além de proporcinar o acesso ao consumo por parte de camadas populares, atendem a interesses específicos de certas categorias de consumidores.

As carteiras de estudante têm-se transformado em verdadeiros cartões de crédito. Os jovens têm acesso a descontos e facilidades de consumo que os acostumam a adquirir, mesmo antes de se tornarem economicamente independentes de seus pais, o que pode torná-los cada vez mais inseridos no mercado consumidor, preparando-os para serem bons compradores quando estiverem mais qualificados e com salários maiores.

Para cada faixa etária existe um padrão de descontos e promoções. Ao que parece, os trabalhadores entre 28 e 55 anos ficam à margem das ofertas. Não são jovens, não são idosos, não são estudantes, mas mesmo para eles há uma possibilidade, pois sempre existem períodos de liquidação ou aquela promoção geral de toda quarta-feira em certas lojas.

A lógica do consumo de terceira idade também é bastante interessante. Em muitos países desenvolvidos, a população mais senil está crescendo, o que significa dizer que uma importante parcela do público consumidor está ficando de fora do circuito de compras, na medida em que se aposenta e passa a ter uma vida social supostamente menos intensa. O setor comercial, por outro lado, não pode se ver expropriado dessa parcela valiosíssima de consumidores, de modo que as ofertas de produtos especiais para a terceira idade se tornam cada vez mais freqüentes. São os mesmos que consumiam antes dos 65 anos: os mesmos pacotes turísticos, as mesmas lojas, as mesmas marcas, mas a senha que os inclui em um grupo supostamente especial faz com que grande parte dos anciãos permaneça na ciranda comercial, movimentando gigantescas quantidades de dinheiro.

Por outro lado, embora não se admita, esse tipo de consumo de terceira idade pode reforçar a segregação, na medida em que fortalece a sensação de não pertencer mais ao grupo geral. A diferença etária se expande a um sem-número de instâncias da vida cotidiana que muito mais pode separar do que integrar.

A LÓGICA DO MERCADO INFORMAL E SUA INSERÇÃO SOCIOESPACIAL

O mercado informal é um dos setores do comércio que mais crescem na atualidade, tanto em espaços metropolitanos, quanto em ambientes de baixa concentração técnica. Desse modo, o mercado informal projeta-se na vida das pessoas, ora como oportunidade de ocupação positiva, ora como possibilidade de aquisição de produtos mais baratos, mesmo que a qualidade seja mais baixa que a do comércio formal.

Insere-se territorialmente de formas bem interessantes, produzindo e reproduzindo espaços, dinamizando os centros de fornecimento e atrevendo-se a gerar uma série de transformações no meio urbano em que as mercadorias são ofertadas das mais diversas formas.

Essa categoria de mercado teve até os dias atuais um tratamento relativamente preconceituoso por parte dos administradores, economistas e cientistas sociais de linha mais crítica, e não recebeu a atenção devida, tanto do ponto de vista teórico-processual, quanto conceitual. Isso significa que existe uma relativa produção científica sobre o mercado informal, mas até o momento não se pode contar com um substancial aporte que sirva de referência para estudos mais avançados.

O mercado informal não é homogêneo, pois engendra-se a partir de diversas lógicas, em diversos lugares, com diversas estratégias de sobrevivência e com diversas articulações de fornecimento e comercialização. Porém, deve-se considerar que cada vez mais passa por processo de padronização que o assemelha ao dito mercado formal.

Possui importante papel no processo de abastecimento de determinadas classes de consumidores bastante desfavorecidos, ao mesmo tempo em que pode atender também a outros interesses importantes de classes mais privilegiadas. A respeito desse caráter complexo e diversificado, SALGUEIRO (1995: 96) afirmou:

> *"No comércio reside talvez um dos elementos que mais fortemente contribui para tornar semelhantes todas as cidades e que simultaneamente combina formas mais diferenciadas e alternativas de oferta. Hoje todas as cidades dispõem de um comércio 'formal' que tende a assemelhar-se pelos bens que oferece, pelas marcas presentes, pela mesma paisagem decorativa que cria, mas registram também um 'comércio informal' com enorme vitalidade e com grandes semelhanças na sua aparente diversidade."*

Mesmo não sendo um trabalho destinado especificamente ao estudo do mercado informal, o artigo mencionado é uma preciosa contribuição teórica aos estudos desse fenômeno. A autora analisa alguns dos processos responsáveis pela "implosão do território", especificamente dos chamados territórios urbanos, onde os lugares passam constantemente por esvaziamentos e repreenchimentos de seus conteúdos técnicos, segundo os ciclos de interesses que regem a lógica da atual acumulação capitalista.

Segundo essa autora, são os processos sociais responsáveis pela reprodução da pobreza os fatores mais relevantes a serem considerados no processo de expansão do mercado informal. Para ela, deve-se lembrar que na atualidade se configura no espaço urbano uma nova estrutura de pobreza. No caso da Península Ibérica, esses novos pobres constituem uma grande massa de desempregados de duas origens: imigrantes de países pobres, sobretudo norte-africanos, asiáticos e latino-americanos do sul.

A segunda massa de desempregados é formada por jovens desqualificados e por desempregados do setor industrial, que perderam seus postos de trabalho com o fechamento de grandes fábricas e por sua baixa qualificação e tornaram-se desesperançosos de uma nova colocação. Associado a tudo isso, acrescenta-se a crescente precarização dos empregos. A esse respeito, a autora afirmou:

> *"[o]... processo de transformação socioeconômica refere-se à precarização do emprego e à desqualificação de muitas tarefas. Se o último aspecto é caminho para o desemprego (...) e para uma redução relativa nos salários, a precarização traduz-se principalmente na redução dos horários, na proliferação de formas de trabalho sem vínculo e sem integração na segurança social, nos contratos temporários e a tempo parcial.*
>
> *A precarização do emprego e o não trabalho andam associados à proliferação da economia informal que nas sociedades mediterrâneas sempre foi importante."*
>
> *SALGUEIRO (1995: 93)*

E a autora concluiu ainda que a economia informal cresce sempre que o mercado formal se apresenta em crises e os controles são menores. De certa forma, esse jogo parece atender muito bem aos interesses do setor industrial e atacadista em momentos de dificuldades, pois passa a ser uma forma de esvaziar estoques, em momentos específicos em que o comércio formal se mostra com menor poder de ação varejista.

Com isso se vê que o sentido lógico da compressão do mercado informal se mostra cada dia mais complexo. De fato, o que se pode perceber nas ruas é um forte incremento desse setor entre as camadas mais pobres economicamente, mas também não se pode ignorar que por detrás das aparentes situações de exclusão esconde-se uma poderosa ação exploradora, sobretudo por parte de algumas empresas que procuram tirar partido desse setor que também se considera produtivo.

O que se quer dizer é que o setor dito formal colabora com esse processo na medida em que algumas empresas destinam linhas de produção especificamente para atender a essa parcela do comércio urbano. Prova disso é que dentro de uma cidade, e mesmo quando se consideram amplos conjuntos de cidades, pode-se verificar a ocorrência do mesmo produto com a mesma procedência, ou seja, já existe uma estrutura montada de fornecimento de bens para a comercialização informal.

Isso interessa a muitas empresas, pois, em geral, os comerciantes informais adquirem sobras de produção ou artigos produzidos para esse fim, que são adquiridos das fábricas e/ou dos distribuidores sem nenhum controle fiscal, fato que alimenta a sonegação e a exposição de produtos muitas vezes de qualidade perigosa para saúde e segurança dos consumidores.

A natureza das mercadorias se apresenta bastante variada. Estas se caracterizam basicamente por serem de uso imediato e freqüente, como roupas, alimentos, eletroeletrônicos, utensílios domésticos, brinquedos e outros. Os preços praticados são em geral bem permissivos, fato que gera constantes conflitos com os empresários que trabalham nas áreas em que os informais atuam. Dessa forma, um território pode passar por processos de desvalorização, sobretudo imobiliária, em função da presença ou não dessa categoria de mercado.

Por outro lado, não se pode negar que o mercado informal se formaliza cada vez mais. Tal fato se manifesta na delimitação de áreas de comércio pelo poder público, recolhimento de taxas e impostos pelas prefeituras, criação de sindicatos e conselhos de representantes do setor, citando apenas alguns exemplos.

Vale destacar que a eleição de um lugar não se dá de forma aleatória, de maneira que a dimensão espacial é fundamental para a compreensão da lógica do mercado informal. Os lugares se valorizam e se desvalorizam em um interessantíssimo jogo de interesses, podendo resultar em áreas mais caras que o aluguel de um ponto de vendas, como ocorre em algumas praças e ruas territorializadas por máfias do setor informal nas grandes cidades.

AS RESIDÊNCIAS COMO CENTROS DE COMPRA E VENDA DE PRODUTOS E SERVIÇOS

> *"La nueva ciudad, por su parte, sólo existe en la medida en que tiene ciudadanos: genera nuevas calles y plazas (servicios a distancia) porque sus habitantes así lo demandan. Por conseguiente, el Ágora es inseparable de las casas. (...) Telépolis funciona tanto mejor cuanto más estén los telepolitas en sus casas, siempre que trabajen alli para que la nueva ciudad crezca y progrese. Conviene que las ventanas de las fachadas estén abiertas el máximo tiempo posible, tanto para que los ciudadanos ventilen sus mentes con el aire electrónico como para que la propia Telépolis prospere y vaya ampliando sus zonas de influencia y diversificación."*
>
> *De Javier ECHEVERRÍA, Telépolis (1994: 43-4)*

Definitivamente a função social das casas passa atualmente por mudanças das mais diversas. Muito mais que o refúgio seguro, mais que o lugar de convivência familiar, a residência já não é somente aquele local pertencente às pessoas que nela vivem. Assume hoje funções das mais distintas, conseqüências das novas formas de relações sociais, bem como da reformulação das antigas. Uma dessas formas em processo de consolidação é a configuração gradativa das vivendas como verdadeiros centro de negócios, nos quais não só se podem comprar diversos produtos, como também vender outros e inclusive prestar e contratar serviços. Neste último tópico do presente trabalho, discutir-se-ão dois aspectos relativos às residências: como lugar de compras e como lugar de venda.

Iniciando-se pela aquisição de serviços e produtos, pode-se dizer que, cada vez mais, comprar se torna um ato menos esforçoso. De casa ou do escritório, podem-se adquirir as mais pitorescas coisas, gastando-se menos dinheiro (combustível, estacionamento, etc.), tempo, recursos urbanos (metrô, ruas, ônibus, etc.), entre outras coisas. Os esforços são menores, assegura-se supostamente uma grande segurança e conforto, mas perde-se a liberdade de comparar produtos, preços, estabelecer relações socializadoras e outros.

Também de grande interesse de pesquisa são as formas de venda que a cada dia apresentam complexidades que repercutem diretamente na configuração do espaço, na medida em que medeiam as relações dos consumidores com os espaços de consumo, ou seja, a venda em domicílio se manifesta por meio da desvinculação do indivíduo com os lugares tradicionais de consumo. A casa se torna, nesse sentido, o ambiente perfeito para as negociações, uma vez que pressupõe um atendimento personalizado, discreto, livre das ameaças da rua e se baseia na comodidade do consumidor, ou seja, produtos e serviços são oferecidos de forma a assegurar o conforto da residência.

É o caso das entregas em domicílio de produtos diversos, como alimentos (sobretudo pizzas), remédios, flores, entre outros. Também baseada na assistência às residências, podem-se citar os produtos que são comprados e remetidos para as casas por períodos determinados, como jornais, revistas, livros, água mineral, gás butano, entre outros.

Os catálogos, malas diretas, as televendas (por meio de programas de televisão), as propagandas de rádio e o chamado telemarketing (venda por telefone) também são estratégias que possibilitam a aquisição de produtos a partir do próprio domicílio.

Embora em crise em muitos países, os "vendedores de porta", como são comumente conhecidos os representantes comerciais de inúmeros produtos, ainda são bastante utilizados por empresas que comercializam produtos para a decoração do lar, de limpeza, seguros diversos, enciclopédias (incluso CD-ROM), planos de saúde privados, revistas e muitas outras coisas. Em geral se empregam (melhor dizendo, subempregam) rapazes e moças jovens, de boa aparência e de baixa qualificação profissional, que não lograram sucesso em outras oportunidades de trabalho e que vêem nas vendas em domicílio suas únicas oportunidades de sustento.

A captação dessa mão-de-obra é algo que merece ser destacado. Em geral, os postos de trabalho são oferecidos em jornais, com anúncios do tipo "trabalhe por conta própria em seus horários livres e ganhe até X,00 por mês". Para muitas pessoas, a chance de não ter patrão e de trabalhar de acordo com suas possibilidades de horário parece ser bastante tentadora. Em geral, a decepção é quase que imediata, fato que torna esse tipo de venda de alta rotatividade de trabalhadores.

Ainda nos lares, ou mesmo nos escritórios, pode-se ter acesso ao consumo por meio da Internet. É evidente que se trata ainda hoje de uma forma de consumo restrita a algumas classes de consumidores, mas não se pode negar que é uma das formas em maior ascensão nos dias atuais, que tem gerado somas inimagináveis em todo o mundo. A isso soma-se o fato de ser uma forma elegante de ter acesso a determinados produtos, o que confere um certo status a quem compra.

Nas cidades ou localidades relativamente desvinculadas dos eixos de amplo consumo, a Internet tem-se mostrado como uma das oportunidades mais acessíveis a determinados produtos. Com tudo isso, as empresas procuram reforçar a idéia de que é possível consumir de tudo, em qualquer lugar do mundo. Com essa prática, excluem-se do ato de consumir as empresas que não entraram no circuito das vendas deslocalizadas, ou melhor dizendo, localizadas nas residências, que são cada vez mais apropriadas pelas organizações e transformadas em verdadeiros shoppings centers.

As pessoas não percebem isso, mas a estratégia é criar um mercado domiciliar, capaz de satisfazer os mais diferenciados desejos de consumo. No caso da Internet, pode-se dizer que ainda não é um meio que possibilita acesso ao consumo por grande parte da população, pois nem todas as pessoas podem pagar por uma linha telefônica, computador, provedores, mas ainda assim a comercialização e a prestação de serviços crescem cada vez mais.

De todas as formas, parece prudente lembrar que a Internet não é um ambiente homogêneo, mesmo que essa seja a idéia que se pretenda passar a cada momento pelos seus meios de divulgação. É seletiva, heterogênea, segregadora e populista em suas pretensões ideológicas. Reflete muito bem o sentido da cultura de massa que caracteriza a pós-modernidade, evidentemente calcada em modelos de total interesse do chamado circuito superior da economia, mais especificamente dos países desenvolvidos.

Assim, a ingenuidade do "lar, doce lar" se perde diante do constante bombardeio de oportunidades que o mercado oferece em domicílio. Cada vez mais a vida privada e seus espaços se transformam em objetos de uso da consciência coletiva, pressuposto e conseqüência desse mecanismo tão bem planejado de mercantilização ostensiva da vida ordinária.

A cada anúncio de televisão, a cada propaganda veiculada pelo rádio, a cada página comercial na Internet, a cada catálogo ou mala direta que se recebe por correio, a cada chamada telefônica de uma empresa ou mesmo a cada visita de um vendedor deste ou daquele artigo ou serviço, percebe-se o quanto as residências reproduzem exatamente o que ocorre nas ruas. As vivendas mudaram definitivamente seu sentido destinado exclusivamente a recantos para o refúgio e o descanso.

Trata-se de uma apropriação simbólica, que se vale das estratégias mais diversas para transformar as pessoas em consumidoras a cada momento em que estiverem acordadas. Vive-se a ilusão do privado e do privativo, quando, na realidade, desfruta-se cada vez mais a sensação do invadido. Em outras palavras, cada vez mais a vida privada se encontra mais e mais esvaziada de sentidos particulares e preenchida de conteúdos coletivos.

As estratégias de promoção são freqüentemente acusadas de perverter as famílias, deseducar as crianças, agredir a moral, reduzir os limites comportamentais e, inclusive, incentivar os mais repugnantes atos de violência e segregação da condição humana. Não se trata somente, nesse caso, de mencionar pontos criticáveis, mas de refletir sobre eles. Parece necessário fazer estudos mais aprofundados a esse respeito para que se possa ter uma idéia mais precisa do que ocorre nas casas quando são convertidas em micro e, ao mesmo tempo, macrocentros de consumo.

Mudando agora de abordagem, cresce também o número de pessoas que transformam as casas em escritórios e consultórios dos mais diversos, bem como em locais de comercialização de produtos. Trata-se inquestionavelmente de uma extensão do mercado informal, visto que a grande maioria dos trabalhos domésticos de complementação de renda não possui nenhum tipo de registro empresarial.

São tentativas de melhoria das condições de existência que crescem em quantidade tanto nos países desenvolvidos quanto nos subdesenvolvidos. Ao analisar algumas facetas do setor informal nas cidades do sul da Europa, com especial enfoque em Lisboa, SALGUEIRO (1995: 96) afirmou que se percebe cada vez mais a transformação de apartamentos em escritórios e consultórios, principalmente em bairros de classe média. Na comunidade de Madrid, esse fenômeno pode ser observado, por exemplo, em Alcorcon, onde se verifica a presença de profissionais liberais, principalmente dentistas e médicos, em inúmeros edifícios residenciais.

Porém as transformações territoriais podem ser percebidas de outra forma. Vale aqui um exemplo que permite compreender alguns indícios desse processo: na cidade de São Paulo, percebe-se a expansão do setor terciário em áreas de residências por meio da ampliação do setor de prestações de serviços de forma bem clara nos bairros de Pinheiros, Butantã e imediações[7].

---

[7] Dados levantados pelos alunos do curso de "Ecologia, Paisagem e Gestão Ambiental" ministrado pelo Prof. Dr. Felisberto Cavalheiro durante o primeiro semestre de 1996, no programa de pós-graduação do Departamento de Geografia da Universidade de São Paulo.

Trata-se de um espaço em vias de transformação visível, uma vez que as famílias de classe média e média-alta adquirem vivendas de dois andares, muito comuns no local. Nas fotografias aéreas do início da década de 1990 se vê que as casas possuíam jardins e muros que as separavam das demais. Tinham árvores junto aos portões de entrada e algumas contavam com piscinas ou áreas de serviço interno do lar.

Com a transferência de um grande número de profissionais liberais para o local, percebeu-se um forte movimento de derrubada dos muros e remoção dos jardins para possibilitar espaços de estacionamento para a clientela desses profissionais. As famílias habitam as dependências do piso superior, e na parte baixa, no nível da rua, proliferam escritórios, consultórios, salões de beleza e cabeleireiros, entre outros exemplos. Com isso, podem-se verificar relevantes diferenças entre as fotografias do início e do final da década de 1990. Nessa última fase, as áreas que eram privativas das famílias passaram em boa parte a ser de uso da clientela. Reduziu-se a arborização dos jardins ao mesmo tempo em que se ampliaram os serviços nos bairros.

Nem todas as "empresas" são registradas. Muitas funcionam à margem da legalização documental, pois são muitos os trâmites burocráticos exigidos para a abertura de uma pequena empresa, além de ser um processo relativamente custoso. Dessa forma, tanto em São Paulo, quanto em muitas outras cidades do mundo, a mudança de função ou mesmo a ampliação das funções pode provocar transformações paisagísticas interessantes, que alteram bastante as formas e o uso dos lugares.

Mais que nunca, torna-se necessário ampliar as pesquisas geográficas desses assuntos para que se possam acompanhar mais de perto as transformações que as novas estratégias de mercado (ou de sobrevivência ante ele) impõem ao meio urbano.

Bibliografia

BALESTREROS, A.G. La recuperación del lugar en la era de la globalización. In: *Lecturas geográficas, homenaje a Jose Estébanez Álvarez*. Madrid, UCM, vol. 2, 1409-16, 2000

CARLOS, A.F.A. *O lugar no do mundo*. São Paulo, Hucitec, 1996.

ECHEVERRÍA, J. *Telépolis*. Barcelona, 1994.

GARCÍA, E.E. Consumo, publicidad y lugar. In: *Lecturas geográficas, homenaje a José Estébanez Álvarez*. Madrid, UCM, vol. 1, 511-23, 2000.

GEORGE, P. *Geografía del consumo*. Barcelona, Oikos-Tau, 1972.

LEFEBVRE, H. *A vida cotidiana no mundo moderno*. São Paulo, Ática, 1991.

PÉREZ, C.S. Contactos y cambios culturales en la era global. In: *Lecturas geográficas, homenaje a José Estébanez Álvarez*, Madrid, UCM, vol. 1, 581-91, 2000.

PINDALDI, S.M. *Public Market survival, culture and consumption*. Lisboa, Universidade de Lisboa/ UGI, 69-80, 1999.

RODRIGUES, A.A.B. *Turismo e espaço. Rumo a um conhecimento transdisciplinar.* Hucitec, 1997.

SALGUEIRO, T.B. *Globalização e implosão do território.* Madrid, UCM, Anales de Geografía de la UCM, nº 15, 87-9, 1995.

________. *Globalization of consumption and retail places.* Lisboa, Universidade de Lisboa/UGI, 1-6, 1999.

SANTOS, M. *Espaço e método.* São Paulo, Nobel, 1985.

________. O espaço geográfico como categoria filosófica. In: Revista *Terra Livre.* O espaço em questão, São Paulo, AGB, nº 5, 9-20, 1988.

________. *Técnica, espaço, tempo. Globalização e meio técnico-científico e informacional.* São Paulo, Hucitec, 1994.

________. *A natureza do espaço. Técnica e tempo, razão e emoção.* São Paulo, Hucitec, 1996.

________. *Modernidad, médio técnico-científico y urbanización en Brasil.* Madrid, UCM. Anales de Geografía de la UCM, nº 10, 45-60, 1990.

________. Modo de produção técnico-científico e diferenciação espacial. In: *Lecturas geográficas, homenaje a José Estébanez Álvarez.* Madrid, UCM, vol. 2, 1537-52, 2000.

SILVA, A.C. *O espaço fora do lugar.* São Paulo, Hucitec, 1988.

SOUZA, M.J.L. de. A teorização sobre o desenvolvimento em uma época de fadiga teórica, ou: sobre a necessidade de uma "teoria aberta" do desenvolvimento socioespacial. In: Revista *Território.* Rio de Janeiro, Relume Dumará, ano I, nº 1, 5-22, 1996.

capítulo 2

Prazer e Contradição

Aspectos da Construção Segregadora dos Territórios de Lazer[1]

Anderson Pereira Portuguez
Denise Lima Rabelo[2]

Não há dúvidas de que a recreação tem-se projetado como uma das mais promissoras atividades sociais do atual momento histórico. Tal fato é revelado não somente pelas gigantescas somas financeiras acumuladas por esse setor produtivo, mas sobretudo pela crescente introdução do lazer na vida das pessoas, que na voz de RODRIGUES (1997: 26) constitui uma estratégia de criação de uma nova "necessidade social", incorporada cada vez mais "artificialmente" ao rol da necessidades vitais das sociedades.

Não se sabe ao certo quando a recreação começou a fazer parte da vida das pessoas como uma atividade planejada. Ao que parece, isto se

[1] Trabalho apresentado em outubro de 1999, como comunicação oral durante o 3º Encontro Nacional de Turismo com Base Local, Manaus, AM.

[2] Professora do Curso de Administração da UVV, Vila Velha, ES. Doutoranda em Ciências Empresariais pelo Museu Social Argentino.

deu já na Antigüidade, quando o tempo de descanso foi percebido como uma necessidade social, momento em que algumas atividades destinadas ao repouso, ao prazer e à reposição das energias físicas começaram a se projetar. A esse respeito, YURGEL (1983: 05) chegou a afirmar que "a conquista do tempo livre, para o homem primitivo, perde-se no fundo da história da humanidade, em seus pormenores".

A leitura da obra dessa autora permite eqüivaler, especificamente em seu discurso, as idéias de tempo livre às de lazer, o que parece um tanto quanto impróprio, pois o tempo de não-trabalho pode ser social e individualmente preenchido por várias atividades, dentre elas o lazer como sinônimo de recreação.

Para fins desta análise, optou-se por considerar a palavra lazer como expressão das atividades de diversão. Dessa forma, o tempo livre, ao contrário das proposições de YURGEL (1983), não pode ser entendido como sinônimo de lazer, pois o tempo da religião, o da satisfação das necessidades fisiológicas, o da família, entre outros exemplos, são apenas dimensões desse tempo livre, que pode ocasionalmente vir a ser preenchido com as práticas recreativas, sob os mais variados pretextos: repouso, diversão, socialização de experiências, competições, entre muitos outros.

A EFETIVA EXPRESSÃO DO LAZER

RODRIGUES (1997: 105-17) fez uma das mais importantes discussões acerca das implicações do uso recreacional do tempo livre, mostrando que, mesmo nos momentos de descanso, o trabalhador tem seu tempo apropriado pelo modo de produção capitalista vigente, por meio de inúmeras estratégias de marketing, que tentam levá-lo ao lazer consumista como forma de evadir-se e alcançar uma forma melhor de viver.

Para essa autora, hoje se dá grande importância ao lazer, como fruto da ampliação do tempo de ócio, por ela considerado "um fenômeno da sociedade contemporânea, em particular das sociedades industriais do pós-guerra" (RODRIGUES, 1997: 106). Afirma ainda que, tanto nos discursos empresariais, quanto nos meios acadêmicos, ainda impregnados pelas ideologias positivistas e neopositivistas, veicula-se a idéia de que a ampliação do tempo livre é uma conquista social dos movimentos proletários. No entanto, a diminuição da jornada média de trabalho representa nada menos que uma necessidade do próprio modelo de (re)produção capitalista. Afirmou:

> *"Na verdade, essas chamadas conquistas sociais se concretizariam independentes dos movimentos trabalhistas, não só para evitar a superprodução, uma vez que a automatização da indústria amplia enormemente a produtividade da empresa, mas também para contornar o grave problema social do desemprego em massa e, indiscutivelmente, para reposição da energia das forças de trabalho (...)"*
>
> *RODRIGUES (1997: 106)*

Essa mesma autora (1997: 106-7) lembrou ainda que na concepção burguesa de ócio, reforçada pelos princípios do puritanismo protestante, o tempo livre é considerado tempo de anarquia, devendo ser literalmente controlado pela sociedade em suas múltiplas instâncias: família, religião, coletividade, empresa e até mesmo pelo Estado e suas associações. O fim pretendido é o controle total dos cidadãos, tanto em seu tempo de produção, quanto em seu tempo de descanso, transformado-os quase sempre em tempo de consumo.

Assim, os indivíduos vivenciam a ilusão da vida privada, quando na verdade têm seus hábitos e necessidades padronizados pelas grandes estruturas responsáveis pela reprodução do capital. Ir ao barzinho, assistir ao novo lançamento de Spilberg, passear no shopping, ou até mesmo ir à praia, tornam-se atividades necessárias para o "desestressamento", tão vitais quanto a própria alimentação. Os espaços de lazer são definidos, e é para esses oásis de felicidade que as pessoas se dirigem durante o tempo de descanso, para fazerem exatamente o que tantas outras fazem.

O tempo de folga torna-se um período diário de imitação coletiva. Tudo meticulosamente produzido por empresas e instituições que procuram a cada dia tornar a vida privada uma extensão da vida social. Daí uma das grandes razões para se resgatar as reflexões teóricas acerca do cotidiano, pois tudo isso faz parte das ditas macroestruturas, tão discutidas nas obras destinadas ao estudo dessa categoria de análise da reprodução do capital.

A esse respeito, vale a pena trabalhar a idéia de cotidiano a partir de inúmeras visões, mostrando o quanto as pesquisas voltadas para os estudos do lazer, em especial os dedicados ao turismo, se equivocam ao utilizarem inadequadamente esse conceito.

Sob o ponto de vista mercadológico, vale ressaltar a importância que a atividade de "recreação" tem assumido tanto para a administração pública quanto para a atividade empresarial privada: é uma alternativa promissora de geração de empregos para a primeira, e de renda para ambas, sempre sob o rótulo do "marketing turístico" ou da "indústria sem chaminés". É vasta a literatura, principalmente nas revistas especializadas em marketing, sobre as vantagens dos investimentos em turismo, sem que no entanto qualquer consideração seja feita a respeito do que a sociedade deseja, necessita e entende como recreação. A desvinculação dos projetos públicos e privados em relação à qualidade de vida da população sugere a massificação das atividades, a imposição de alternativas e a conseqüente elitização dos programas destinados aos portadores de renda que possam consumir, em uma concepção equivocada do papel histórico da recreação na vida humana. Assim, o tempo de lazer, como anteriormente mencionado, reproduz, em uma estrutura eminentemente capitalista, alternativas de geração de renda e não de efetivo lazer e recreação, vinculados aos aspectos culturais que os envolvem.

No entender de MARCELLINO (1996: 2), a respeito das diversas contribuições oferecidas por pesquisadores que atuam na avaliação de políticas públicas e privadas setoriais de lazer, sem pretendermos limitar outras concepções, considera-se o lazer como:

> *"1. cultura vivenciada no 'tempo disponível' das obrigações profissionais, escolares, familiares e sociais, combinando os aspectos tempo e atitude;*
> *2. fenômeno gerado historicamente e do qual emergem valores questionadores da sociedade como um todo, e sobre o qual são exercidas influências na estrutura social vigente;*
> *3. um tempo privilegiado para a vivência de valores que contribuem para mudanças de ordem moral e cultural;*
> *4. portador de um duplo aspecto educativo – veículo e objeto de educação."*

É de suma importância verificar, na proposição anterior, a associação entre lazer e cultura e, principalmente, analisar que, na visão do pesquisador, a recreação assume caráter político, de discussão da sociedade em si, enquanto provocadora de mudanças, veículo e objeto de educação.

É proposta do autor mencionado, ainda, que a cultura aqui deve ser entendida em seu sentido mais amplo, tendo como traço definidor o caráter desinteressado da vivência no tempo disponível, e que não busca qualquer recompensa imediata a não ser a satisfação proporcionada no tempo em que ocorre a atividade prática ou contemplativa (MARCELLINO, 1996: 3).

CONSIDERAÇÕES SOBRE A SEGREGAÇÃO SOCIAL E A ABORDAGEM TECNICISTA DA RECREAÇÃO

Nossa forma tecnicista de viver e trabalhar, que incentiva um modelo padronizado de comportamentos – típico de uma linha de produção – e que adotamos como verdade absoluta a partir da Revolução Industrial, tem esperado os comportamentos padronizados como a única alternativa válida para a concepção de sociedade. A resposta negativa à padronização tem como conseqüência a indiferença consciente, a relutância dos ditos grupos majoritários e, conseqüentemente, a segregação das minorias, em especial no que tange aos espaços de lazer e recreação.

A ampliação do conhecimento, proporcionando ao menos a admissão e a reflexão crítica sobre essas subversões, representa indícios de compromisso com a qualidade de vida de todos os integrantes da sociedade, admitindo-se a quebra de obsoletos paradigmas, a tolerância a ambigüidade e a flexibilidade para que as minorias possam ser consideradas em qualquer projeto público ou privado, que deve ter sempre o homem como o centro, sob o risco de tornar-se equivocado e injusto.

A dita sociedade pós-fordista, ainda que em mutação, mantém suas raízes, que se encontram arraigadas em inúmeras estruturas sociais e nos aprisionam em seu mundo "esquizóide"[3] e hedonista. Já na introdução de seu livro *Eros e repressão*, Rollo MAY (1969: 11) salienta que:

> *" É verdade que amor e vontade fazem-se mais difíceis em épocas de transição radical. Desaparecem os velhos mitos e símbolos pelos quais nos orientávamos, a ansiedade campeia... Ruem as emoções e os processos integradores... o indivíduo é obrigado a interiorizar-se; torna-se obcecado pela nova forma do problema de identidade, ou seja, mesmo-que-saiba-quem-sou-nada-significo. Sou incapaz de influenciar os outros. O passo seguinte é a apatia. E depois a violência. Pois o ser humano é incapaz de suportar constantemente a experiência paralisante de sua própria impotência."*

Ainda, no entender de BOLMAN e DEAL (1996: 16):

> *"Controles remotos permitem-nos ver canais de televisão – tudo, desde assistir a filmes antigos até a fazer compras sem sair de casa. Mas será que esses deslumbrantes apetrechos satisfazem o nosso desejo de uma vida mais fecunda e mais plena de significado?"*

A caracterização das atividades de lazer como momentos de consumo, momentos de programações planejadas em pacotes massificados, reforçados pela "indústria sem chaminés", incentiva cada vez mais a apatia e a descrença e, conseqüentemente, reafirma um mundo esquizóide no qual a reflexão e a crítica sobre o que se entende como lazer ou recreação não seja possível. BOLMAN e DEAL (1996: 16) nos fazem pensar a respeito de nossas últimas realizações: conseguimos colocar "microondas em cada cozinha e uma refeição instantânea em cada congelador. No entanto, como encontrar tempo para a família, para descanso, e para nós mesmos?"

CONSIDERAÇÕES ACERCA DOS TERRITÓRIOS DE LAZER

A questão da produção/reprodução social dos territórios de recreação de grupos minoritários exige um cuidado muito especial em seus encaminhamentos metodológicos, para que a temática possa ao mesmo tempo ser trabalhada

---

[3] "O termo 'esquizóide' significa desligado, evitando relacionamentos estreitos, insensível. Não o emprego em relação à psicopatologia e sim como condição generalizada de nossa cultura e das tendências dos que a constituem." (MAY, 1969: 14)

dentro de uma perspectiva integrada – transdisciplinar – e centrada na categoria espaço, como fato social historicamente produzido, dentro do qual as relações sociorrecreativas devem ser abordadas como instrumentos de materialização da heterogeneidade social.

Conforme os geógrafos mais renomados, a idéia de território acha-se fundamentada na idéia de poder. Assim, em um dado espaço, podem-se formar territórios na medida em que pessoas, grupos, empresas e governos estipulam formas particulares de uso, de modo que a coletividade em geral acabe por admitir o exercício do domínio seja pela força cultural, seja pela força militar, seja pelo poder político ou ainda pela imposição econômica.

Foi com base nessa reflexão que se formularam as idéias de territórios nacionais, territórios do narcotráfico e territórios da prostituição. E, agora, parte-se para a discussão dos territórios de lazer.

Do ponto de vista de uma abordagem sociológica, é, sem sombra de dúvidas, a configuração dos processos socioespaciais responsável pela produção das áreas demarcadas pelos grupos minoritários, acreditando-se que é exatamente a segregação social que motiva a constituição dessas áreas.

Os grupos majoritários, ao promoverem a dogmatização dos estereótipos que serão aceitos para a convivência sem restrições, e a conseqüente segregação e discriminação em relação ao que foge a esses padrões pré-concebidos, falam mais da incapacidade da sociedade em aceitar e conviver com a diversidade, de sua tendência à cristalização de conceitos, que propriamente de uma suposta inadequação de atitudes e comportamentos de qualquer grupo minoritário segregado. A socialização do lazer e a convivência com a diversidade daí decorrente podem refletir-se em experiências enriquecedoras do ponto de vista individual e coletivo, conforme observado por CAMARGO (1992: 87):

> *"A sociabilidade no lazer é rica de contatos sociais variados, em um momento propício ao intercâmbio de idéias e experiências. Contudo, o tempo de lazer é também um tempo precioso para a afirmação de um estilo próprio de comportamento, através de gestos, roupas, atitudes."*

Os territórios destinados ao lazer segregado têm implícitos o seu propósito e as suas condições de entrada e permanência e oferecem múltiplas oportunidades de busca da identidade perdida, embora não se possa dizer que esta seja alcançada em sua plenitude – trata-se, na maioria das vezes, de paliativos para uma situação angustiante vivida em um contexto maior.

Os espaços destinados ao lazer oferecem oportunidades de agregação específicas aos grupos minoritários, mas, em contrapartida, reforçam sua segregação aos territórios nos quais sua presença é aceita sem reservas. Dentro desses grupos podemos ressaltar homossexuais, negros, mulheres sem companheiros, idosos, imigrantes, dentre outros. Obviamente que estamos nos referindo a composições de grupos em sua generalidade, admitindo-se a ocorrência de espaços, ainda que poucos, que oferecem receptividade independentemente da condição minoritária ou majoritária.

Os espaços urbanos e públicos de lazer, como ruas, bares, o próprio local de trabalho, áreas verdes, centros culturais, dentre outros, têm a propriedade de possibilitar a participação social lúdica, conforme CAMARGO (1992: 75):

> *"O lazer abre um campo educativo não para se aprender coisas, mas para se exercitar equilibradamente as possibilidades de participação social lúdica. A esse processo se denomina educação não-formal ou animação cultural ou, ainda, animação sociocultural. Seu objetivo é mostrar que o exercício de atividades voluntárias, desinteressadas, prazerosas e liberatórias pode ser o momento para uma abertura a uma vida cultural intensa, diversificada e equilibrada com as obrigações profissionais, familiares, religiosas e políticas."*

Faz-se necessário, conforme proposto por YURGEL (1983: 13), a "redescoberta de formas de lazer assimiláveis pela cultura nacional", não somente a título de humanização das cidades e compromisso com a qualidade de vida da população, como defende a autora, mas, ainda, para a ampliação e democratização dos territórios, de tal forma que ofereçam oportunidades de efetivo encontro com o outro e de permanente construção de uma sociedade mais justa, politicamente consciente e solidária, ao invés de *solitária*...

CONSIDERAÇÕES FINAIS

A sociedade urbano-industrial, inadvertidamente, foi tomado por uma necessidade inicial e temporária por bens e serviços generalizados como uma possibilidade de massificação por tempo indefinido. Esses produtos e serviços, em primeiro momento, satisfizeram necessidades básicas imediatas comuns, e um olhar mais atento poderia ter detectado indícios de que a padronização de comportamentos não se daria indefinidamente. Incentivada principalmente pelos meios de comunicação, dispostos a produzir uma linguagem comum destinada a uma população que vive problemas comuns, como a poluição, a violência, os problemas no trânsito, dentre outros problemas sociais compartilhados, a heterogeneidade, a diversidade dos grupos sociais foi desconsiderada. Mas no entender de COSTA (1987: 224):

> *"(...) como reação a essa massificação aparente, formada e informada pela produção, pesquisas e meios de comunicação, grupos menores se organizam em função de seus traços diferenciais."*

Ainda conforme a autora:

> *"Ao lado das semelhanças, das homogeneidades e das 'mesmices' do interior da sociedade, os grupos se diferenciam cada vez mais, incapazes de se identificarem cultural, racial ou etnicamente com uma população tão sem contornos como aquela da sociedade industrial desse fim de século. As oposições entre grupos no interior da sociedade, curiosamente, jamais foram tão agudas (...). Cada uma dessas oposições tem sua própria história e suas próprias explicações, mas o que se percebe, de forma geral, é uma intensificação na organização política de grupos diferenciados, que lutam por seus próprios objetivos, seus próprios direitos e sua própria liberdade. Esses grupos têm o poder de criar uma identidade para os indivíduos que se contrapõe à falsa homogeneidade que a sociedade como um todo lhes confere. O movimento negro, o africanismo, o feminismo, os sem-terra, o movimento indígena, o movimento homossexual, surgem como forma de luta por questões que são rejeitadas pela sociedade (...)." (1987: 225-6)*

As políticas públicas e privadas destinadas à prestação de serviços de lazer defrontam-se com a necessidade de rever a proposição de que a base da vida social esteja na "aquiescência em relação a valores e comportamentos típicos" (COSTA, 1987: 226).

A disposição para rever os critérios de normalidade social propõe uma nova conceituação de cidadania, que defende não somente a idéia de que se "resguardem as especificidades" como também que se proporcionem a participação social, a troca de experiências e o conseqüente enriquecimento cultural, por meio de uma vida plena de significado que poderá ser oferecida pela convivência, aceitação e valorização da diversidade.

Bibliografia

BOLMAN, L.G.; DEAL, T.E. *Liderança com alma: uma parábola sobre a busca da paixão e determinação no trabalho e na vida.* Rio de Janeiro, Ediouro, 1996.

CAMARGO, L.O.L. *O que é lazer.* 3. ed., São Paulo, Brasiliense, 1992.

COSTA, Maria Cristina Castilho Costa. *Sociologia: introdução à ciência da sociedade.* São Paulo, Moderna, 1987.

MARCELLINO, N.C. (Org.). *Políticas públicas setoriais de lazer.* Campinas, Autores Associados, 1996.

MAY, R. *Eros e repressão: amor e vontade.* 2. ed., Petrópolis, Vozes, 1969.

RODRIGUES, A.B. *Turismo e espaço. Rumo a um conhecimento transdisciplinar.* São Paulo, Hucitec, 1997.

YURGEL, M. *Urbanismo e lazer.* São Paulo, Nobel, 1983.

parte 2

Projeção Socioespacial do Turismo

capítulo 3

Viagens Virtuais e Espaços de Lazer de Alta Tecnificação

Uma Análise das Novas Expressões da Recreação em Tempos de Pós-modernidade[1]

A temática deste capítulo é de grande importância para melhor se compreender o grau de complexidade alcançado pelas sociedades pós-modernas, traduzido pela introdução cada vez maior de mecanismos de simulação no dia-a-dia das pessoas, em um momento em que a técnica é amplamente difundida nos mais diversificados setores produtivos.

Embora ainda sejam poucas as publicações geográficas destinadas à compreensão dos efeitos da simulação, especificamente sobre a atividade recreativa, algumas contribuições de vulto já começam a ser veiculadas de forma que, aos poucos, uma boa base teórica se consolida abrindo caminhos para uma discussão mais profunda desse assunto. Convém lembrar que a questão da tecnificação do lazer admite um

[1] Texto publicado em 1999 na *Revista das Faculdades de Linhares*, ano III, nº 5, p. 13-9.

vasto conjunto de interpretações que transcendem aos limites da Geografia, de maneira que qualquer abordagem seria equivocada se não estivesse imbuída de um caráter transdisciplinar.

Para o momento, pretende-se discutir apenas alguns aspectos tidos como relevantes, acerca do crescente aporte de tecnologia no processo de planejamento e oferta de oportunidades de entretenimento, como forma de contribuir para os estudos críticos das novas dimensões desse setor.

Os últimos 50 anos foram marcados por profundas alterações nas múltiplas instâncias da vida social, que muda globalmente em ritmos jamais vistos em toda a história. Tais mudanças, que entre outros fatores estão presentes na crise do padrão de regulação das economias capitalistas, atualmente se coroam com o fenômeno da globalização.

Recorrendo-se às reflexões de Milton SANTOS (1994: 123), observa-se que nesse momento histórico de novas hegemonias do capitalismo se processa um grande remodelamento na produção do capital, com forte incremento da técnica, enquanto se verifica o enfraquecimento das estruturas dos Estados-nação, que aos poucos se rendem à mundialização da produção e do consumo.

No Brasil, esse fato é nitidamente verificado no momento atual, em que os governos federais, estaduais e municipais, por meio de contínuos processos de privatização, passam para o setor privado algumas atividades que até então eram estatizadas. Para tanto, as empresas que assumem a gestão desses setores buscam nas inovações tecnológicas o suporte necessário para a otimização da produção e/ou prestação de serviços, de modo que, a cada dia, a técnica se torna mais e mais desejada pelas empresas, que também a financiam por meio de incentivos à pesquisa.

A esse respeito, NASCIMENTO NETO (*Veja*, 3/4/1996: 80-9) afirmou que naquele momento o setor privado dispunha de 10 trilhões de dólares para investimentos em diversas atividades produtivas, enquanto os governos de todo o mundo perdem o controle sobre o movimento do capital em seus países.

Nesse contexto, as grandes empresas passam a desconhecer fronteiras e naturalidades. Entoam seus próprios hinos e hasteiam suas próprias bandeiras e, aos poucos, se tornam capazes de gerir sociedades. Em contrapartida, os trabalhadores as abraçam e atendem aos seus apelos de modo que elas passam, também pela técnica, não só a fazer parte de suas rotinas, mas sobretudo a padronizar seus hábitos diários e modos de consumo.

Assim, a própria noção de mais-valia se reformula ganhando dimensões globais. As relações sociais se redefinem e o trabalho ganha nova significação no âmbito da realidade econômica emergente.

Vê-se, portanto, que o mundo caminha para uma nova era: a da aceleração da velocidade. A consolidação das grandes corporações transnacionais tem provocado profundas modificações no quadro geográfico mundial, fato que faz da globalização um fenômeno realmente complexo e capaz de se fazer representar nos mais variados setores produtivos.

Nesse texto, procurou-se analisar alguns aspectos de dois desses setores: o turismo e a produção de tecnologia, que ao se confluírem possibilitam a existência dos chamados espaços de recreação tecnificada – e do turismo virtual –, como expressões notáveis da dita indústria do lazer, que atualmente é considerada uma das que mais se projetam no mundo globalizado.

O TURISMO E O DESENVOLVIMENTO DA INFORMÁTICA

Ao analisar o contexto histórico da globalização e da virtualização do turismo, RODRIGUES (1996: 73) afirmou que:

> *"A Ciência, a Técnica e a Informação vão definir novas desigualdades regionais, onde as regiões funcionam como peças de uma mesma engrenagem compondo a máquina global. Neste período batizado por Milton Santos como 'técnico-científico-informacional' fortalece-se sobremaneira o setor terciário da economia, cujos serviços se sofisticam cada vez mais, onde a informática reina absoluta."*

Atualmente, são raríssimas as situações em que empresas e indivíduos não estejam em contato direto ou indireto com a informática. O cartão do banco, o passe do metrô, o código de barras – que facilita a identificação de dados em produtos e documentos –, as comunicações, a fibra óptica e muitas outras inovações tecnológicas só puderam ser desenvolvidos graças aos avanços da computação.

O homem dos dias atuais é um cidadão predominantemente apressado. A luta pela otimização do uso do tempo se tornou uma preocupação constante, e até por vezes neurótica. Nesse contexto, a técnica muito tem colaborado para melhor ordenar as atividades rotineiras, bem como para tornar os indivíduos mais produtivos e eficientes.

Essa hegemonia produzida pela informática não se deu por acaso. É fruto de um meticuloso trabalho, em que as necessidades de seus usuários foram consideradas, gerando um aprimoramento tecnológico capaz de atender às mais diversificadas necessidades e fantasias. As ciências da informática expandiram-se de tal maneira que seus tentáculos foram lançados para direções variadas, resultando em sua massificação, que a cada dia se concretiza mais e mais.

O computador tem-se popularizado justamente por contribuir de muitas formas para facilitar o dia-a-dia de pessoas, grupos, empresas e outros. Atende a necessidades diversas, que vão desde um ingênuo controle dos gastos domésticos, até as mais ousadas operações militares.

Nesse hiato, encontra-se o *cybertour*, ou turismo cibernético, que tem ganhado corpo nos últimos anos com os novos programas de viagens por realidade virtual, que se sucedem no mercado. Esses programas, destinados sobretudo à venda de pacotes turísticos, utilizam mecanismos de simulação para o convencimento da clientela.

Na década de 1990, os meios de comunicação lançaram o homem em uma nova dimensão: o "ciberespaço", ou seja, o espaço informatizado no qual pessoas se comunicam, vendem e/ou compram mercadorias, prestam serviços e, inclusive, praticam lazer. Dessa forma, o espaço ganha novo significado, na medida em que na sua dimensão virtual, uma série de relações políticas, empresariais e pessoais são estabelecidas, tornando-o merecedor de maiores atenções por parte da Geografia, cujas bases teórico-metodológicas também se aplicam aos seus estudos.

Para RODRIGUES (1996: 73), o imaginário expresso no comportamento individual e coletivo da demanda turística é captado pelos promotores que se esforçam em criar realidades simuladas para atender aos anseios da clientela, que compra não somente a viagem, mas a ideologia de um novo modo de viver.

Para H. MARACY (*Folha de S. Paulo*, 25/12/1995: B-1), os folhetos de promoção turística e os agentes de viagens não dão aos turistas a noção adequada dos lugares a serem visitados, dos serviços e instalações dos hotéis em que irão se hospedar. Afirmou ainda que os recursos da multimídia vieram para minimizar esse problema, de forma que as empresas do setor podem recorrer a essa nova estratégia de marketing.

Como exemplo, pode-se citar o caso da TECHNOQUALITY, uma empresa especializada em marketing turístico, que vem produzindo uma série de CD-Rom sobre cidades e regiões brasileiras para agências de turismo, hotéis, operadoras e companhias aéreas. O primeiro CD-Rom intitulado "Porto Seguro" foi lançado no final de 1994 e atualmente já circulam no mercado os módulos: "Brasília", "Pantanal Mato-grossense" e "São Paulo", entre outros.

Como se vê, já se procura passar a idéia de que a imagem virtual é mais confiável como recurso de publicidade que os modos mais convencionais de promoção turística. No entanto, deve-se atentar para as propagandas enganosas produzidas a partir da realidade virtual. Partindo-se das reflexões de NAISBIT (1994: 165), pôde-se verificar que esse recurso não possui a confiabilidade anteriormente citada. Segundo esse autor, é possível fazer determinadas combinações de imagens de forma que o turista virtual possa vislumbrar paisagens formadas por elementos naturais e culturais existentes em localidades de diferentes países do mundo.

É possível também criar mundos imaginários, sem nenhuma correlação com o ambiente real: cidades do futuro, casas inteligentes, cruzadas interplanetárias entre outros, inclusive permitir ao homem uma façanha até então inalcançada com a tecnologia existente: viajar pelo tempo.

É evidente que a realidade virtual é instrumento de grande valor para a prática do lazer e para o setor promocional do turismo. O que se questiona são as implicações indesejáveis de seu mau uso até então não dimensionadas.

Isto posto, passa-se a analisar os modelos de tecnificação do turismo, que podem se dar fundamentalmente de duas formas: pelas viagens virtuais, que permitem ao viajante um deslocamento simbólico para recantos longínquos do planeta sem sair do lugar, utilizando apenas os recursos da informática, e as viagens reais para espaços de recreação, também chamados por alguns autores de "não-lugares", cuja organização nega o próprio entorno.

OS DESLOCAMENTOS VIRTUAIS

Nos últimos anos, uma nova modalidade de recreação vem ganhando volume e se popularizando gradativamente. Trata-se da utilização dos recursos da informática para fins de lazer. Nesse contexto, conforme já foi dito anteriormente, muitas oportunidades de viagens virtuais têm sido utilizadas para promover o turismo em alguns lugares.

Nessas viagens, o indivíduo se relaciona com a máquina e com o seu próprio imaginário, que é estimulado por impulsos neuroartificiais, os quais possibilitam experimentar sensações diversas, na tentativa de incentivá-lo a comprar pacotes turísticos. Para tanto, os simuladores de realidade virtual são preparados para promover experiências motivadoras e sobretudo prazerosas.

A esse respeito, NAISBIT (1994: 165), ao enumerar algumas vantagens desse novo modo de viajar, afirmou que os recursos virtuais possibilitam ao turista a experiência, que na viagem real pode não ser tão agradável quanto aparenta ser: "caso lhe desagrade a experiência em realidade virtual de escalar uma rocha, provavelmente não lhe será mais agradável estar pendurado por uma corda em um penhasco real".

Por sua vez, RODRIGUES (1996: 76) afirmou metaforicamente que "não são as pessoas que vão ao encontro dos lugares, mas são os lugares que vão ao encontro das pessoas. Assim, espaços longínquos e a-historicizados se transformam em lugares pela experiência domiciliar simulada".

Para a simulação, o indivíduo se senta em uma cadeira articulada e giratória, utiliza um capacete com fones de ouvidos, luvas táteis, entre outros equipamentos para desligar-se da realidade imediata e ingressar no mundo virtual, em que a experiência se torna multissensorial, de forma que o indivíduo pode interagir com o novo espaço que vislumbra.

Segundo essa mesma autora, o princípio foi desenvolvido a partir de uma parceria entre a IBM e a NASA, nos Estados Unidos. Inicialmente, desajava-se aperfeiçoar o treinamento de pilotos e astronautas.

Ainda tomando como referência os relatos de RODRIGUES (1996: 76), dois exemplos podem ser citados: K. CONANT, arquiteto americano, produziu também com a colaboração da IBM um programa que permite conhecer a abadia de Cluny, em Paris, demolida há mais de 200 anos. Valendo-se de plantas e de registros históricos, CONANT reedificou virtualmente esse monumento da arte gótica. Partindo dos mesmos princípios, o arqueólogo e também arquiteto W. RISEMAN reconstituiu algumas edificações antigas em realidade virtual, como a fortaleza egípcia de Bhuen, cujos restos se encontram sob as águas do lago Nasser.

Atualmente, já é possível viajar virtualmente de casa pelos canais de Veneza, visitar museus em Paris, contemplar as Muralhas da China, ou até mesmo brincar com pingüins na Antártida. Sem dúvidas, como oportunidade de lazer ou como estratégia de marketing, a realidade virtual tem conquistado espaços cada vez maiores no mercado da recreação, apesar do seu custo ainda muito elevado, embora se acredite que, aos poucos, essa modalidade de entretenimento também se tornará mais massificada.

AS REDES

Uma outra forma de experimentar o lazer e o turismo pela realidade virtual é por meio das redes de teleinformática, que crescentemente interconectam pessoas, empresas, organizações e mesmo nações.

Segundo SETZER e KON (1995: 1), desde o surgimento do computador eletrônico na década de 1940, ocorreu uma queda vertiginosa no tamanho e no peso desses equipamentos, ao mesmo tempo em que o poder de computação tem crescido quase que exponencialmente. Para esses autores, tal avanço possibilitou a popularização do microcomputador sobretudo a partir da década de 1980, com sua conseqüente utilização para os mais variados fins.

Com o tempo, surgiu também o desejo de interconectá-los, fato que evidentemente veio atender interesses variados, por um lado, causando alguns temores e, por outro lado, trazendo a perspectiva de uma nova era na história das comunicações. Surgiu, assim, uma série de redes de teleinformática, que hoje assume papel de fundamental importância na dinâmica econômica do mundo globalizado.

Uma vez criadas, as redes trouxeram um novo sentido para o ciberespaço, que deve ser entendido como um espaço concreto, em uma dimensão não-física. É real na medida em que nele novas relações sociais, econômicas, de poder e dominação são estabelecidas, de forma que ele se torna articulado com o espaço não-virtual. Por ser uma dimensão alternativa de consumo e comunicações, é, obviamente, estratégico.

LINDO (1994: 15) afirmou que se trata de "un espacio tridimencional, que podemos viver en tiempo real gracias a determinados medios auxiliares".

Vê-se, portanto, que o mundo virtual permite ao homem muitas experiências, das quais o lazer constitui o foco de análise desse capítulo.

São muitas as redes existentes, mas sem sombras de dúvidas a Internet é a mais importante delas. Segundo SETZER e KON (1995: 1), ela descende da rede militar norte-americana ARPANET, criada pelo departamento de defesa dos Estados Unidos no início da década de 1970, para permitir comunicações na possibilidade de um conflito nuclear, durante o período da Guerra Fria.

Em reportagem veiculada pelo jornal *O Estado de S. Paulo* (10/10/1995: B-9), pôde-se verificar a notável popularização da Internet: eram 20 milhões de usuários em todo o mundo naquele ano, dos quais 1,3 milhão eram brasileiros, incluindo empresas, cidadãos e instituições de pesquisas.

SETZER e KON (1995: 30) descreveram também a WWW – World Wide Web – também chamada de W3 –, a teia de alcance mundial que oferece, na Internet, uma interface do tipo hipertexto multimídia, possibilitando ao usuário a oportunidade de navegar por milhares de telas interligadas contendo sons, textos e imagens, que podem ser animadas ou não. Por meio dessa teia, o usuário pode viajar pelo mundo interagindo com pessoas de várias nacionalidades, ouvir músicas regionais, resgatar a história dessas localidades visitadas por meio de passeios em museus interativos, entre outras oportunidades. Sem dúvida, as redes representam um mecanismo sofisticado de lazer.

É evidente que o mundo virtual não pode substituir o real, pois a virtualidade, mesmo que muito avançada, nega ao viajante a oportunidade de socialização efetiva como ocorre no turismo convencional, bem como de pôr-se em contato direto com a paisagem e a emoção de estar frente a frente com o desconhecido, no intuito de experimentá-lo.

Retomando as reflexões de RODRIGUES (1996: 77), questiona-se até que ponto as experiências virtuais trazem sensações autênticas e possibilitam o contato com o novo, como ocorre nas viagens turísticas não-simuladas.

Se as emoções, como afirmou TUAN (1983: 9), dão colorido a toda experiência humana, deve-se lembrar que, no caso do turismo, elas são oriundas de fontes diversas, geralmente proporcionadas pelo contato direto com a paisagem. Estar no lugar turístico significa vivenciar efetivamente essas emoções, que pela realidade virtual são reduzidas a simulações. Logicamente as viagens artificiais também geram sensações reais, mas que não podem ser comparadas às proporcionadas pelo contato direto com o ambiente, por se tratarem de experiências de dimensões e significações diferentes.

ESPAÇOS DE LAZER DE ELEVADA TECNIFICAÇÃO

Muitas opiniões têm sido expressas a respeito da artificialização dos lugares turísticos, cujos ambientes foram edificados, e assim negam a realidade de seu próprio entorno, tendo sido produzidos artificialmente para o consumo dos visitantes, fato que a eles confere uma historicidade própria, formas muito particulares e uma natureza cultural produzida exclusivamente pelo turismo.

Estes são os lugares de recreação tecnificada, que a cada dia se tornam mais comuns e proporcionam aos turistas a oportunidade de experimentar sensações, que geralmente são únicas dado o caráter individual desses lugares.

Presentes em todo o mundo, esses ambientes turísticos são oásis de cultura e sofisticação em espaço que, por vezes, não seriam nada atraentes. Assim, os atrativos são idealizados, projetados, construídos e ofertados para atender aos sonhos de consumo de tribos diversas que aceitam por mimetismo a padronização de seus hábitos de consumo, fruto perverso do processo de globalização.

A tecnologia faz com que sonhos e realidade sejam confundidos de forma proposital. A Disney World, nos Estados Unidos, e o Parque Temático Beto Carreiro World, no Brasil, são bons exemplos de espaços totalmente criados, cujas experiências ali vivenciadas negam o ambiente original que lhes serve de suporte. O mesmo ocorre com *resorts*, que chegam a enclausurar os turistas na tentativa de fazê-los consumir, cada vez mais, os recursos de recreação que oferecem.

Na ilha de Itaparica, Grande Salvador, o Clube Mediterranée foi considerado um exemplo de equipamento turístico no qual os visitantes são retidos, cercados de altos muros, em que inúmeras oportunidades de entretenimento são colocadas à sua disposição, de forma que estes não tomam nenhum contato com o entorno, senão pela programação preestabelecida pelo clube.

Para se ter uma idéia mais precisa desse fato, basta lembrar que algumas companhias aéreas de São Paulo têm fechado contratos com operadoras para oferecer aos turistas a opção de vôos fretados. Os visitantes são levados do aeroporto diretamente para o clube e vice-versa, no padrão dos chamados "vôos *chatters* domésticos", destinados sobretudo a viajantes de elevado poder aquisitivo. YÁZIGI (1995: 3) chegou a afirmar que: "quem vai para o Mediterranée da Bahia, vai para o Mediterranée, e não para a Bahia".

Por sinal, esse *resort* apresenta a mesma estrutura em qualquer outra unidade no mundo, o que significa dizer que, indo para a Bahia, Rio de Janeiro, Taiti, Tunísia, ou outros, o turista experimentará praticamente as mesmas experiências.

É de se admitir o grau de simulação apresentado pelos *resorts*. Em pleno deserto sul-africano, um suntuoso hotel (que se coloca como o único seis estrelas do mundo), situado no pólo turístico de Sun City, apresenta-se em forma de um majestoso palácio cercado por cassinos, parques, brinquedos como os da Disney World e praias com ondas artificiais (*Veja*, 5/6/1996: 71).

Trata-se do The Palace, cujas instalações contam com um aparato decorativo que vai desde esculturas gigantescas de animais selvagens até móveis forrados com pele de zebras. A simulação chega ao ponto de artificializar terremotos.

Segundo RODRIGUES (1996: 75-6), "nas novas modalidades de turismo global, buscam-se as áreas exóticas", e ao que parece, os gestores dos resorts perceberam essa tendência e estão procurando atendê-las. Essa autora citou alguns aspectos de um dos maiores resorts do mundo, situado no Havaí (EUA), o Hyatt Regency Waikaloa, no qual, entre muitas maravilhosas simulações, "criam-se condições artificiais em que o turista pode nadar com delfins, caçar javalis, participar de um safári (...) nas colinas de Mauma Kea, até cear no palácio de Hulihea, moradia da antiga realeza havaiana".

Vê-se, então, que o turista que viaja para esses lugares entra em contato com realidades simuladas, pouco acrescendo à sua experiência pessoal. No entanto, é notável o crescente interesse dos turistas por esses locais, fruto de um meticuloso trabalho de promoção e barateamento das viagens, que geralmente são vendidas em planos bastante acessíveis.

RODRIGUES (1996: 75) lembra ainda que a implantação desses hotéis não representa obrigatoriamente a dinamização econômica das localidades onde estão instalados, justamente por estarem desvinculados de seus entornos.

Ao exposto, soma-se o desejo de buscar nessas localidades pitorescas alguns prazeres que nos núcleos emissivos não podem ser vivenciados. Um bom exemplo são os cassinos, que para os brasileiros constituem uma oportunidade de divertimento inviabilizada pela Legislação Federal. Assim, inúmeras viagens para os paraísos dos jogos – como Las Vegas, por exemplo – são programadas constantemente.

PARA CONCLUIR

Atualmente, o turismo tem-se configurado como uma das atividades de grandes dimensões e de múltiplos significados na sociedade global, em virtude da conjugação de uma série de fatores que a ele confere índices de desenvolvimento inéditos em sua história.

Como toda atividade produtiva da atualidade, vem recebendo grandes aportes financeiros, tecnológicos e gerenciais, dos quais alguns se destinam à criação de condições artificiais tanto para sua promoção, por meio de estratégias de marketing, quanto para novas oportunidades de recreação.

Essas novas modalidades de virtualização do turismo e do lazer certamente se incrementarão com o contínuo avanço da computação gráfica e das redes de teleinformática, bem como com a consolidação das novas tendências do chamado turismo exótico.

Diante do exposto, as empresas especializadas em produção tecnológica têm-se esforçado para participar dos lucros proporcionados pelo *boom* do turismo, criando mecanismos que possibilitam viagens virtuais para lugares que podem ou não ter correspondência com o espaço real.

Longe de substituir as práticas convencionais, o turismo virtual se mostra incapaz de proporcionar aos indivíduos uma prática socializadora tão representativa quanto nas viagens reais, restando-lhe, no entanto, a possibilidade de conferir status para seus adeptos, dado seu caráter ainda elitista.

As experiências vivenciadas pelos praticantes são importantes no que se refere ao amadurecimento pessoal, pois muitos programas educativos já são amplamente produzidos e comercializados em todo o mundo. No entanto, é válido lembrar que existe uma grande diferença entre ser educativo e ser capaz de substituir as formas convencionais de viajar, ou seja, se por um lado se pode aprender com o virtual, que por sinal é um recurso muito válido, por outro lado não se pode vivenciar efetivamente a realidade.

Já os lugares de entretenimento dotados de alta tecnificação possibilitam formas muito particulares de lazer, onde o indivíduo viaja, se hospeda, visita, toca e, por fim, consome a realidade inventada, perdendo a oportunidade de se pôr em contato com as características originais das localidades e com seus entornos.

O crescimento dessas novas modalidades de turismo vem atender aos novos sonhos de consumo das sociedades, que, com a globalização, aspiram novos estilos de vida, condizentes com a busca crescente de prestígio e status social.

Bibliografia

A GAZETA. Viagem virtual na onda do micro. Vitória, Caderno de Turismo, p. 5, 28/2/1996.

______. Programa Cria Mundo Virtual em 3D. Vitória, p. 6, 30/7/1996.

FOLHA DE S. PAULO. Multimídia é a nova arma do marketing. São Paulo, p. C-1, 7/8/95.

______. Multimídia é a arma para convencer turistas. São Paulo, B-1, 25/12/1995.

______. Shopping traz brinquedos de realidade virtual. São Paulo, A-1, 19/1/1996.

LINDO, W. *Cibermania. La Emocionante Guia de Viaje Através del Espacio Digital.* Barcelona, Marcombro, 1994.

NAISBIT, J. *Paradoxo global. Quanto maior a economia mundial, mais poderosos são os seus protagonistas menores: nações, empresas e indivíduo.* Rio de Janeiro, Campus, 1994.

O ESTADO DE S. PAULO. Espaço cibernético já tem 60 milhões de usuários, São Paulo, p. B-8, 10/10/1995.

RODRIGUES, A.B. Lugar, não-lugar e realidade virtual no turismo globalizado. *Revista do Departamento de Geografia da USP.* São Paulo, nº 10, p. 74-8, 1996.

SANTOS, M. *Técnica espaço tempo. Globalização e meio técnico científico informal.* São Paulo, Hucitec, 1994.

SETZER, W.; KON, F. *Introdução à rede Internet e seu uso.* São Paulo, Edgard Blücher, 1995.

TUAN, Y. *Espaço e lugar. A perspectiva da experiência* (Trad.). São Paulo, Difel, 1983.

VEJA. São Paulo, abril, ano 28 (nºs 9 e 48) e ano 29 (nºs 14 e 29).

WOLF, M. *Los efectos sociales de los média.* Buenos Aires, Paidós, 1994.

YÁZIGI, E. *Sobre o confinamento territorial do turismo: uma discussão sobre liberdade.* São Paulo, DG-FFLCH/USP, 1995 (inédito).

capítulo 4

Algumas Reflexões acerca das Questões Conceituais no Estado Geográfico do Cotidiano e do Turismo

"O turismo é o ambiente necessário à fuga, sem a qual a 'vida' parece insuportável. Assim, haveria uma composição entre a vida ordinária e os momentos de turismo: estes últimos, entre outros, mantêm e contêm os homens nos limites estreitos do cotidiano."

DAMIANI, Amélia (In: RODRIGUES, 1997: 48)

A questão conceitual sempre foi um incômodo para a maioria dos pesquisadores, que, ao se defrontarem com a complexidade vocabular inerente a determinados fenômenos do mundo atual, acabam por agonizar diante da difícil tarefa de escrever. O ato de pôr no papel um determinado pensamento implica, obrigatoriamente, responsabilizar-se por ele, e essa responsabilidade costuma incomodar quando se torna necessário utilizar determinados termos cujo conteúdo reveste-se de amplos significados.

Nesse sentido, é válido lembrar que, do ponto de vista das ciências, algumas palavras-chave, quando utilizadas de modo inadequado, têm seus sentidos subvertidos, pois esses termos representam a síntese de um conjunto de reflexões construídas ao longo de processos dinâmicos e diversificados de amadurecimento teórico-metodológico.

Por outro lado, os conceitos não precisam ser encarados de forma exageradamente rígida como em tempos passados, quando a postura positivista se fazia presente de forma mais rigorosa nos meios acadêmicos, de modo que, em nome do rigor científico, o elenco de termos empregados era criteriosamente selecionado e utilizado geralmente dentro de modelos teórico-metodológicos preestabelecidos, ou de modo muito sutil para ser aceito pela comunidade acadêmica. Ainda hoje, esse comportamento não foi totalmente abandonado, embora uma postura mais pluralista venha ganhando espaço entre os geógrafos brasileiros.

Os conceitos eram encarados propositadamente como se fossem "camisas-de-força", fruto de uma construção teórica relativamente inflexível, dentro da qual os pesquisadores se debatiam, mas acabavam acatando a imperiosidade de seus conteúdos. Hoje, no entanto, os conceitos são vistos como referenciais a partir dos quais uma reflexão é construída, deixando-se conscientemente um espaço, se necessário, para sua reconstrução.

E não poderia ser de outra forma, pois as ciências devem remodelar seus princípios de interpretação do real conforme o grau de complexidade com que este se lhes apresenta. Assim, as ditas ciências da sociedade não poderiam impor inércia para o conteúdo de seus conceitos, uma vez que a sociedade e suas instâncias – seus objetos de estudo – se tornam complexos cada dia mais.

Nessa perspectiva, o conceito deve proporcionar a caminhada em busca da compreensão e não ousar sê-la. Deve dar oportunidade à reflexão lógica, partindo das dúvidas do pesquisador e não se constituir no real, inviabilizando o pensamento livre.

Alguns termos que ganharam espaço no conjunto das ciências pós-modernas (dentre elas a Geografia) assumiram dimensões diferenciadas de acordo com as suas aplicações habituais, não só entre o saber banal e o saber sistematizado, como também dentro do próprio conjunto de ciências que deles fazem uso.

Acrescenta-se a tudo isso um fato de grande relevância que não poderia de forma alguma ser ignorado nessa discussão: a língua é dinâmica e admite mudanças diversas em seu corpo de vocábulos, motivo pelo qual não se pode crucificar, por exemplo, o cidadão comum, acusando-o de cometer crimes filosóficos por lançar mão do vocabulário científico de modo menos formal. Isso não significa que o caráter dinâmico da linguagem deva justificar determinados absurdos que possam, de alguma forma, atentar contra a integridade do saber sistematizado, mas deixar uma abertura para o banal, como expressão da apreensão da realidade pelo senso comum.

Vejamos, então, o exemplo do conceito de cotidiano, termo muito utilizado pelos geógrafos que estudam o turismo.

O conceito de cotidiano é empregado comumente em seu sentido banal, corriqueiro, sendo raras as pesquisas que o abordam em seu sentido já sistematizado por alguns dos mais respeitados pensadores das ciências da sociedade, em específico as ideologicamente comprometidas com o materialismo histórico.

Segundo o *Dicionário Brasileiro de Língua Portuguesa* (1993: 259), o vocábulo cotidiano pode ser entendido como:

> *"(...) De cada dia; que se faz todos os dias; que se publica todos os dias; diário; que sucede ou se pratica habitualmente; s.m. aquilo que é cotidiano (...)"*

Nessa perspectiva, o cotidiano é visto como sinônimo de dia-a-dia, de rotina, referindo-se ao fazer diário dos indivíduos. Constitui-se das tarefas corriqueiras da vida de cada um, ou de um determinado grupo, podendo ser ainda interpretado como algo ingênuo, sem maiores implicações sociais.

No entanto, alguns pensadores, há algum tempo, estão desenvolvendo uma série de trabalhos a respeito de uma outra dimensão do cotidiano, que, longe de ser tão ingênua como a do seu significado ordinário, constitui-se em um aprofundamento das formas de analisar a reprodução social em uma perspectiva teórico-filosófica eminentemente marxista.

O exposto se complica quando, dentro de uma mesma área de pesquisa, o cotidiano assume os dois significados: o banal e o sistematizado. É o caso da Geografia do Turismo, que tem utilizado, por vezes inadequadamente, as características da vida cotidiana para explicar, pelo menos em parte, o grande avanço do setor considerado o mais promissor das atividades sociais do mundo atual (NAISBIT, 1994: 116).

Costuma-se dizer que o cotidiano estressante das grandes cidades gera cidadãos fatigados com as neuroses do dia-a-dia, como resultado de uma rotina de trabalho massacrante, que têm no lazer e nas viagens a grande oportunidade de superação das agonias urbanas. Essa é a idéia passada e constantemente reforçada pelo marketing do turismo como justificativa para os maciços investimentos nas campanhas de divulgação das opções ofertadas pelo setor.

RODRIGUES (1997: 38-9) criticou essa visão, afirmando que se trata de uma estratégia de promoção das viagens e do lazer fundamentada na ideologia do trabalho como algo sempre arrasador das energias vitais, como se viajar fosse sempre sinônimo de felicidade, reposição de energias e de bem-estar.

Nesse sentido, o conceito em análise é entendido como rotina, assumindo o seu conteúdo banal, admitindo-se um cotidiano específico para as grandes cidades e outro para os lugares de recreação. Acaba por se constituir em um importante atrativo turístico, pois chega a fazer parte das campanhas promocionais que vendem os paraísos – sobretudo os tropicais – como ambientes de muita tranqüilidade, propícios para o descanso, para as leituras, para o namoro, entre outras possibilidades. Nessa perspectiva, existiriam tantos cotidianos quanto lugares, fato que confere uma dimensão espacial individualizada ao seu conceito banal, de modo que ele deixa, por um momento, de ser algo dos indivíduos para se tornar uma característica dos lugares. No entanto, a cada dia que passa, os ambientes turísticos se tornam cada vez mais complexos para assegurar conforto para seus visitantes, assumindo novos conteúdos técnicos que se avolumam e acabam, quase sempre, por reproduzir a vida urbana mesmo em áreas tidas como eminentemente naturais.

Prosseguindo com as reflexões centralizadas no conteúdo ordinário do cotidiano, o que se percebe é um jogo de cotidianos, no qual o objetivo é mostrar o quanto certos lugares são cruéis em seu dia-a-dia, para valorizar a tranqüilidade dos outros, tidos como adequados para se escapar dessa vida perversa. Partindo desse raciocínio, os lugares turísticos de sociedades tradicionais ou de baixa inserção no mercado global contariam com três cotidianos, que ora se processariam separadamente, ora se apresentariam superpostos. Vejamos:

O primeiro seria o cotidiano do morador do local receptor, calmo, desprovido de problemas graves, símbolo de qualidade de vida. O segundo seria o trazido pelos turistas de seus lugares de origem, que via de regra é, propositadamente, enfraquecido em favor do cotidiano das áreas visitadas, pois o objetivo maior da viagem costuma ser exatamente a desvinculação da rotina fatigada. Por fim, a convivência entre turistas e residentes provocaria a construção de uma interseção entre os dois cotidianos, criando uma terceira possibilidade, caracterizada pela adaptação dos visitantes às condições dos núcleos turísticos visitados, bem como pela adaptação dos residentes à presença de outras pessoas em seus ambientes de vida. Nessa linha de raciocínio, na baixa estação, sobressairia no lugar turístico o cotidiano local, enquanto, na alta estação, o do visitante seria mais percebido.

É fato que outras reflexões seriam cabíveis neste momento. No entanto, citaram-se essas como exemplos pontuais do tratamento que se pode dar ao cotidiano, sobretudo ao se discutir as suas estratégias de marketing, caso seu sentido banal seja tomado como referência.

Contrapondo-se a essa visão, a obra de Henri LEFEBVRE tem levado alguns pesquisadores a conceber o cotidiano, na realidade, não como algo que pertence ao indivíduo, mas sim como uma característica das sociedades, de forma que é, portanto, algo que diz respeito às estratégias de regulação da vida, sendo também uma categoria de análise do modo de agir e de produzir de cada coletividade, vistos por cima, do prisma das instituições que costuram o fazer diário das pessoas. Essas instituições são, para esse pensador, os elementos mediadores da vida cotidiana, que teriam o Estado como seu representante de maior importância.

O cotidiano visto pelo prisma de Henri LEFEBVRE constitui-se em uma oportunidade para se pensar o todo, enquanto a rotina se prestaria aos estudos do particular. Consiste em uma categoria de análise da realidade do mundo atual, pois, tendo a possibilidade de ser apreendida de diversas formas, encontra no universo filosófico do cotidiano uma das alternativas mais competentes para ser analisada sob a ótica marxista da reprodução social.

Nesse sentido, o papel coletivo dos indivíduos está posto dentro de uma grande estrutura, de forma que o homem ordinário não sai desse papel por muito tempo. Evidentemente, pode-se pensar em algumas formas de subversão do cotidiano, as quais na realidade se constituem em desordens e até podem utilizar os recursos da recreação como instrumentos de efetivação de fugas.

A questão dos valores sociais se contrapõe aos prazeres pessoais. A normatização do comportamento se opõe às muitas faces do terrorismo, à ética, à moral e à estética. Nessa perspectiva subversora do comportamento socialmente aceito como padrão, a liberdade e o desejo de ser diferente colaboram para a definição das formas alternativas de viver. Como exemplo, podem-se citar os casos de lugares destinados ao uso recreacional de grupos socialmente segregados, como os bares e boates gays, as praias de nudismo, redutos hippies, entre outros.

Mas mesmo as subversões já foram apropriadas e devidamente manipuladas pelo capital, por estratégias de marketing, na medida em que as viagens passam a ser vistas equivocadamente como superação de tudo o que é padronizado, quando na verdade são padronizadas. Os roteiros são previamente estabelecidos, as horas de refeições são estipuladas, as compras, as opções noturnas, tudo é preparado e imposto para os turistas em pacotes fechados, em nome de sua comodidade e segurança. Tudo se enquadra perfeitamente em novas instâncias de um mesmo cotidiano.

Retomando as reflexões anteriores, DAMIANI (Mimeogr., 1997: 1-2) afirmou que a versão cabal do mundo da reprodução capitalista atinge a reprodução da vida em suas várias instâncias (vida privada, do trabalho, do lazer, ...). Essas instâncias são separadas pelo alto pelas estratégias políticas. Afirmou ainda que é aí que se instalam as estratégias do Estado e do sistema de Estados do conserto global. Conclui:

> *"(...) vivemos uma estabilidade administrada por uma economia, ao mesmo tempo, de guerra e de paz, que exigiria a presença do sistema de Estados envolvendo os vários âmbitos de vida social, já não mais somente o do trabalho. A emergência do conceito de cotidiano, ou melhor, o seu desenvolvimento, é sintonia dessa abrangência de reprodução social, para além do momento do trabalho. O cotidiano remeteria aos vários momentos da vida social, agora não tão ingênuos do ponto de vista de reprodução social. E mais, é possível concluir que 'o Estado repousa sobre o cotidiano'."*

Partindo desse princípio, torna-se fácil dimensionar o turismo dentro dessas discussões. De início, as idéias anteriormente expostas sobre os três cotidianos se implodem, pois, na realidade, para os lefebvreanos só existe um cotidiano, que pode ser decomposto em instâncias – apenas para fins didáticos – de acordo com a roupagem que as relações sociais assumem nos lugares, no caso, os espaços turísticos de recepção.

O agir do Estado no processo em análise pode ser exemplificado com a criação, no Brasil, do Conselho Nacional de Turismo – CNTUR – e do Instituto Brasileiro de Turismo – Embratur –, criados pelo decreto lei nº 55 de 18 de novembro de 1996. Para DAMIANI (Mimeogr., 1997: 8), trata-se de um claro exemplo da ação ativa do Estado sobre a economia, mesmo porque um desses órgãos – a Embratur – foi criado com o caráter de empresa.

Vê-se, então, a grande distância que se põe entre os entendimentos banal e sistematizado do cotidiano, que ainda não tiveram seus nós desfeitos pelos geógrafos estudiosos da recreação. Quantos novos rumos poderiam ser vislumbrados caso esse conceito adquirisse seu conteúdo lefebvreano nos estudos em questão? Vejamos apenas alguns pontos fundamentais.

O turismo não é e nunca foi uma oportunidade de superação do cotidiano, pois na realidade é umas de suas maiores expressões. Tal raciocínio destoa de muitos estudos já feitos sobre os lugares turísticos, que são imaginados como imunes à padronização do todo.

Vistos por esse ângulo, os pacotes turísticos e as programações de recreação apresentam seu lado perverso, que nega ao indivíduo a liberdade plena de experimentar as nuances dos lugares, reduzindo-os a apenas consumidores de oportunidades preestabelecidas pelas agências e operadoras. Isso ocorre de forma bem característica com o dito turismo de massa, justamente por exigir um planejamento que o faça coincidir com os períodos de férias e/ou feriados prolongados, em programações de baixo custo.

Ainda com referência aos custos acessíveis, a massificação do uso do cartão de crédito, o pagamento por crediário, a popularização do cheque pré-datado, entre outras facilidades de pagamento, geram a ilusão de elevação do poder de compra, quando, na realidade, o que está sendo elevado é o poder de negociação das dívidas. É evidente que isso muito tem colaborado para o avanço do setor turístico no âmbito global da economia. Tudo isso faz parte das estratégias políticas do mundo atual, expressão clara do cotidiano discutido por Henri LEFEBVRE em vários de seus escritos.

Por fim, uma outra questão que se pode levantar neste momento é a venda do espaço turístico como mercadoria, como algo que se adquire para o desfrute de alguns momentos. Assim, põe-se em cheque uma série de campanhas promocionais que devem ser estudadas com muito cuidado, como também dimensionadas em seus mais variados aspectos.

É, por exemplo, o caso da imagem veiculada durante anos da mulata de corpo escultural como expressão de tropicalidade brasileira, que favoreceu o avanço do turismo sexual bem como das favelas, transformadas em atrativos para estrangeiros, curiosos por conhecerem a pobreza, tida como algo exótico, por não ocorrer em seus países de origem. Essas atitudes de promoção, bem mais que equivocadas, resultaram no agravamento dos impactos socioambientais do turismo no Brasil.

Cabe ressaltar a idéia de que os lugares, as pessoas dos lugares, a simplicidade da vida cotidiana, a natureza, enfim, tudo hoje faz parte de uma conjugação de atores que interpretam papéis preestabelecidos. Todos subjugados às decisões das esferas hegemônicas da política e da economia global. Os sucessos e os fracassos dessas estratégias são, na realidade, o montar e o desmontar (para novamente remontar) do cotidiano como expressão da vida regulada pelo mundo da produção, que atualmente tem como pano de fundo o processo de globalização.

Bibliografia

CARLOS, A.F.A. Natureza do espaço fragmentado. In: SANTOS, M.; SOUZA, M.A.A. de; SILVEIRA, M.L. (Org.). *Território, globalização e fragmentação.* São Paulo, Hucitec/ANPUR, 1994.

DAMIANI, A.L. *Cotidiano e turismo.* São Paulo, DG-USP, 1997 (Mimeogr.).

_____ Turismo e lazer em espaços urbanos. In: RODRIGUES, A.A.B. (Org.) *Turismo, modernidade e globalização.* São Paulo, Hucitec, p. 46-54, 1997.

FERREIRA, A.B. de H. *Novo Dicionário da Língua Portuguesa.* Rio de Janeiro, Nova Fronteira, 1993.

LEFEBVRE, H. *A vida cotidiana no mundo moderno.* São Paulo, Ática, 1991.

NAISBIT, J. *Paradoxo global – quanto maior a economia mundial, mais poderosos são os seus protagonistas menores: nações, empresas e indivíduos.* Rio de Janeiro, Campus, 1994.

RODRIGUES, A.B. (Org.). *Turismo e espaço, rumo a um conhecimento transdisciplinar.* São Paulo, HUCITEC, 1997.

SEABRA, O.C. de L. *O pensamento de Henri Lefebvre e a geografia.* São Paulo, Boletim Paulista de Geografia, nº 74, p. 7-21, 1996.

capítulo 5

"Agroturismo" e Desenvolvimento Socioespacial

A Experiência do Estado do Espírito Santo[1]

"Palavras velhas não servem a coisas novas. O vocábulo desenvolvimento, muito desgastado, não significa crescimento e muito menos regular distribuição de riqueza. Não basta um grande aumento do PIB, alardeado em letras garrafais pela mídia impressa. A economia não é tudo sem eficácia social e aquilo que é cooperativo e associativo não significa necessariamente negação da capacidade de empreendimento."

Adyr Balastreri RODRIGUES, (1997: 10)

"O desenvolvimento local assenta na revitalização e diversificação da economia, capaz de fixar e atrair população, de ocupar a população potencialmente ativa, com êxito econômico, profissional e social, de valorizar produções, de renovar as habitações e as aldeias, de assegurar melhores condições de vida, em particular aos idosos (...)."

Carminda CAVACO (In: RODRIGUES. Org. 1996: 98)

Cada vez mais, torna-se difícil iniciar um artigo ou algo que se refira ao desenvolvimento. Tal fato se deve a uma multiplicidade crescente de concepções que esse processo vem admitindo, na medida em que passa a ser estudado por inúmeros segmentos da academia e dos setores produtivos. Cada conceito, cada idéia, cada construção teórica assume grande importância por refletir os procedimentos (mesmo que contraditórios) sobre os quais um determinado grupo de investigadores pode-se apoiar para compreender as muitas linguagens pelas quais o desenvolvimento se permite expressar.

Do ponto de vista das ciências da sociedade, mais especificamente da Geografia, aqui falando das linhas de investigação mais críti-

[1] Este texto integra o relatório final do projeto Turismo Rural e Ambiental na Perspectiva do Desenvolvimento Local, coordenado pelas professoras Adyr A. B. Rodrigues (USP) e Carminda Cavaco (Universidade de Lisboa).

cas, o desenvolvimento pode ser entendido como um processo complexo, rico de contraditoriedades e fortemente influenciado por elementos internos e externos aos lugares onde se processa.

A Geografia, em específico, tem produzido uma série de estudos a respeito de territórios que implementaram programas de desenvolvimento fundamentados, sobretudo, nas bases locais. Essas experiências têm possibilitado a construção contínua de uma teoria mais ampla, mais competente e mais comprometida com variáveis de interesse social. Isto quer dizer que, em geral, os estudos geográficos procuram explicar determinados dinamismos a partir de elementos que não se restringem ao mundo da economia, mesmo reconhecendo que todo discurso desenvolvimentista é, por excelência, capitalista.

A idéia de desenvolvimento com bases territoriais, locais ou não, já vem ganhando corpo na Geografia desde meados da década de 1970, mesmo que tentativas de discussões a esse respeito tenham surgido em períodos anteriores. Ao que parece, as bases locais, a redefinição e a ampla aceitação do desenvolvimento via elementos socioespaciais coincidem com a emergência da Geografia Humanística, que resgatou de forma muito peculiar a concepção de lugar. Para os humanistas, essa dimensão do mundo vivido permite uma abordagem dos fenômenos sociais a partir das perspectivas de seus agentes, oferecendo elementos concretos para se compreender as formas de regulação da vida cotidiana e suas possibilidades de subversão.

Embora não tenha sido a única fonte teórico-conceitual, a produção acadêmica do Prof. Dr. Marcelo José Lopes de Souza[2] nos inspirou em inúmeros trabalhos de caráter transmetodológico, em função da impressionante argumentação técnico-filosófica que suas obras apresentam. Esse autor trabalhou em diversas publicações (SOUZA, 1995[3], 1996[4], 1997 e outros) a idéia de desenvolvimento socioespacial, que em nossa interpretação baseia-se fundamentalmente em três princípios:

- Princípio da qualidade de existência.
- Princípio do crescimento econômico.
- Princípio da autonomia.

---

[2] Professor-adjunto do Departamento de Geografia da Universidade Federal do Rio de Janeiro.

[3] Capítulo do livro *Geografia conceitos e temas*, que discute a idéia de território e as possibilidades de abordagem de inúmeros temas dedicados aos estudos dos atores locais (princípio da autonomia) e do desenvolvimento socioespacial.

[4] Trabalho que abre a primeira edição da Revista *Território*, publicada pela UFRJ e que constitui a base de uma construção teórica por nós adotada como referência de reflexão dos processos locais de desenvolvimento.

Com base em seus estudos e em complementações teóricas propostas por Carminda CAVACO (1996), Adyr RODRIGUES (1997, 1998 e outros), Ireleno Porto BENEVIDES (1998), José CARPIO MARTIN (1996[5] e 1999[6]), MAX-NEEF (1994), entre outros autores, elaboramos as nossas reflexões a respeito dessa complexa temática, aplicando em 1998 esse conjunto de idéias na análise do desempenho do turismo capixaba. Os resultados mostraram que ainda há muito que fazer até poder-se afirmar que o setor recreacional está gerando algo mais que reprodução da renda.

Esse estudo deu origem à Dissertação de Mestrado intitulada *Turismo e desenvolvimento socioespacial, reflexões sobre a experiência do agroturismo no Estado do Espírito Santo*, orientada pela Profa. Dra. Adyr A. B. Rodrigues e apresentada em novembro de 1998 ao Departamento de Geografia da USP. Seu conteúdo evidenciou um desconhecimento generalizado por parte dos atores sociais acerca da necessidade de maior participação política dos agentes locais, bem como a ignorância dos muitos sentidos da expressão "qualidade de vida".

Mesmo presentes nos discursos governamentais e empresariais, esses dois fatores intrínsecos ao conceito adotado para definir o desenvolvimento ainda carecem, no Estado do Espírito Santo, de esclarecimentos e exemplos mais concretos.

Nesse trabalho, a partir dessa visão de socioespacialidade e resgatando a pesquisa mencionada, foi reanalisada a experiência do Programa do Agroturismo implantado no Espírito Santo em finais da década de 1980 pelos produtores rurais da Região Serrana Central e pelo Governo Estadual e seus parceiros institucionais. O programa é uma iniciativa de âmbito regional, atingindo oficialmente um total de 11 municípios, embora existam outros que também explorem essa mesma atividade, inclusive com bastante competência.

Vale destacar o fato de que, entre os 11 atendidos pelo programa, notam-se grandes disparidades socioeconômicas, pois enquanto alguns apresentam-se altamente dinâmicos, outros ainda estão em estágios primários de uma experiência que amadurece há mais de dez anos. Atualmente, o programa se encontra bastante descaracterizado até mesmo em função de sua rápida popularização, que não foi acompanhada e devidamente regulamentada pelo poder público. Passa-se então às análises propostas, na intenção de evidenciar de forma mais detalhada a temática em menção.

---

5 Artigo com o conteúdo programático do curso de Pós-graduação oferecido por esse docente no Departamento de Geografia da Universidade de São Paulo, durante o segundo semestre de 1996.

6 Conferência apresentada durante o Seminário Internacional sobre perspectivas do Desenvolvimento na América Latina, realizado na Universidade de Santiago de Compostela em 4/9/1999.

A EXPERIÊNCIA DA REGIÃO SERRANA CENTRAL

"Necesidades humanas, autodependencia y articulaciones orgánicas, son los pilares fundamentales que sustentan el Desarrollo a Escala Humana. Pero para servir su propósito sustentador deben, a su vez, apoyarse sobre una base sólida. Esa base se constituye a partir del protagonismo real de las personas, como consecuencia de privilegiar tanto la diversidad como la autonomía de espacios en que el protagonismo sea realmente posible."

MAX-NEEF (1994: 30)

A chamada Região Serrana Central é uma das cinco regiões turísticas do Estado do Espírito Santo, composta por 11 unidades municipais: Viana, Vargem Alta, Domingos Martins, Venda Nova do Imigrante, Marechal Floriano, Castelo, Conceição do Castelo, Afonso Cláudio, Santa Tereza, Santa Maria de Jetibá e Santa Leopoldina (PORTUGUEZ, 1999: 47)

Esses municípios tinham em comum, em meados da década de 1980, a beleza de suas paisagens e um grave problema financeiro, fato que dificultava (e ainda hoje dificulta, em certos locais) a ação do poder público para minimizar a carência de serviços de saúde, educação, saneamento, entre outras benfeitorias sociais. Assim, urgia criar uma alternativa de geração de renda para que as coletividades rurais pudessem ter melhores condições de vida e as prefeituras pudessem aumentar, pelo menos em médio prazo, a arrecadação de impostos.

Foram muitas as propostas feitas e, inclusive, algumas deram bons resultados. No entanto, nenhuma como a do Programa do Agroturismo, que se iniciou em fins da década de 1980 na propriedade Fazenda Providência, situada em Venda Nova do Imigrante e pertencente a um grupo de herdeiros da família Carnielli (SETÚBAL, 1997: 166[7]).

Mas a experiência de turismo em espaço rural no Estado do Espírito Santo não foi a primeira do Brasil. Na realidade, ela nasceu a partir da constatação do sucesso de uma tentativa pioneira que estava ocorrendo na cidade de Lages, no Estado de Santa Catarina. Nessa localidade, alguns proprietários rurais tinham iniciado a prática recreacional em suas propriedades em 1984, e os resultados foram, em suas análises, bastante satisfatórios (ZIMMERMANN e CASTRO, 1996: 4).

A experiência de Lages inspirou programas de turismo em espaços rurais em diversas localidades do Brasil, mas em poucas delas houve a movimentação social, política e de apoio da própria demanda como ocorreu no interior serrano do Espírito Santo. Segundo PORTUGUEZ (1999: 77), o modelo capixaba de agroturismo pode ser definido como:

---

[7] Livro de resumos do I Encontro Nacional de Turismo com Base Local – 1 a 3 de maio de 1997.

> *"A modalidade de turismo em espaço rural praticada dentro das propriedades, de modo que o turista e/ou excursionista entra, mesmo que por um curto período de tempo, em contato com a atmosfera da vida na fazenda, integrando-se de alguma forma aos hábitos locais. Tal distinção se faz necessária, na medida em que se pode, por exemplo, praticar o turismo ambiental em espaço rural, ou seja, não especificamente no interior de uma propriedade.*
> *A idéia é gerar possibilidades para que as famílias de proprietários e trabalhadores das unidades rurais aprendam a utilizar a produção das fazendas, as paisagens serranas, a cultura local, a hospitalidade do povo interiorano e a diversificada culinária regional como atrativos turísticos dos núcleos de agricultores."*
>
> PORTUGUEZ *(1999: 89)*

A proposta surgiu a partir do momento em que o produtor Leandro Carnielli, do município de Venda Nova do Imigrante, iniciou um projeto de visitação à sua fazenda inspirado no modelo de agroturismo existente no norte da Itália. Muitos outros produtores seguiram o seu exemplo e, no final da década de 1980, o agroturismo já estava configurado como uma das principais opções de recreação no Estado do Espírito Santo. Segundo TESSARI (1994: 14), consultor italiano que no início da década de 1990 deu um treinamento para os empreendedores do setor, o agroturismo tem por objetivos:

> *"a) fomentar uma nova modalidade de turismo, que no caso do Espírito Santo não pretende competir com o tradicional modelo 'sol e praia', mas sim diversificar as práticas turísticas para as quais o Estado possui vocação;*
> *b) promover a melhoria da qualidade de vida da população rural, reduzindo os efeitos da exclusão social, fruto sobretudo do desemprego e do subemprego, através de uma nova alternativa de ocupação estável e de complementação de renda;*
> *c) reduzir o fluxo e os efeitos do êxodo rural;*
> *d) valorização do potencial agrícola e turístico do campo;*
> *e) reforçar a filosofia do turismo ambiental, na tentativa de promover a conservação do meio rural e da cultura regional."*

Do ponto de vista metodológico, foram feitos alguns estudos preliminares pelos órgãos competentes antes que o Programa do Agroturismo se tornasse uma ação efetiva do Estado. Esses estudos se referiam basicamente aos aspectos estruturais com a intenção de diagnosticar os elementos da paisagem que poderiam ser utilizados como atrativos para o turismo, além de um levantamento das condições de infra-estrutura de cada um dos municípios (SEDES/SEAG, 1992).

O relatório final deu origem, em dezembro de 1992, à "Proposta Piloto do Programa do Agroturismo", feita pelas Secretarias de Estado da Agricultura (SEAG) e do Desenvolvimento Econômico (SEDES), já extinta. Essa proposta trazia, entre outras informações, os passos a serem seguidos pelas instituições do governo e pelos empreendedores em direção à formatação do produto agroturístico. O quadro 5.1 resume de forma bem clara alguns aspectos do perfil das proposições contidas nesse documento.

Antes, porém, convém esclarecer que, para a realização da pesquisa que originou a primeira Dissertação de Mestrado realizada no Brasil sobre essa temática, efetuou-se uma ampla investigação de campo, momento em que se puderam ouvir as opiniões de 22 produtores sobre diversos aspectos inerentes ao programa[8]. Algumas das conclusões a que se pôde chegar a partir das entrevistas foram inseridas no quadro, na coluna "Resultados".

[8] Os 22 produtores compuseram uma amostragem de cerca de 10% do total de empreendedores envolvidos no Programa. Foram entrevistados aleatoriamente dois produtores de cada um dos 11 municípios.

QUADRO 5.1 – *Panorama da proposta piloto do programa do agroturismo em 1999*[9]

Programa de desenvolvimento de recursos humanos	Função/objetivo	Agentes locais envolvidos	Resultados
Treinamento para a mão-de-obra ocupada no meio rural.	Realização de cursos de treinamento dirigidos aos produtores, visando à melhoria do atendimento ao turista e dos produtos a eles oferecidos.	Produtores rurais; Senac (Serviço Nacional de Aprendizagem Comercial); Embratur (Instituto Brasileiro de Turismo); Seag (Secretaria de Estado da Agricultura) e seus parceiros; Sebrae (Serviço Brasileiro de Apoio à Pequena e Média Empresa); Sedes (Secretaria de Estado de Desenvolvimento Econômico[10]), Secretarias Municipais de Turismo.	Na realidade, ainda não foram necessários grandes investimentos em treinamento, pois, na maior parte das unidades rurais, a própria família proprietária recebe os turistas. A ocupação de força de trabalho de terceiros ainda não alcançou níveis elevados a ponto de exigir treinamento, embora alguns cursos já tenham sido realizados com sucesso em algumas localidades.
Treinamento gerencial para produtores rurais.	Promover seminários, com a finalidade de proporcionar trocas de experiências no setor do agroturismo e o fortalecimento de interesses e profissionalismo.	Produtores rurais, Senac, Embratur, Seag, Sebrae-ES, Sedes, Secretarias Municipais de Turismo.	Alguns cursos já foram realizados na região com bastante sucesso. A idéia é incentivar a consciência empresarial entre os produtores. Ainda há muito trabalho para ser feito, principalmente no que se refere à formatação de um produto individualizado, coerente com as características do meio rural.

(Continua)

[9] Quadro elaborado a partir das informações contidas no documento *Agroturismo, Proposta Piloto* e na obra *Agroturismo e Desenvolvimento Regional* (PORTUGUEZ, 1999).

[10] A antiga Secretaria de Estado do Desenvolvimento Econômico mencionada como agente foi extinta e em seu lugar entrou a recém-criada Setur – Secretaria de Estado de Turismo.

QUADRO 5.1 – Panorama da proposta piloto do programa do agroturismo em 1999[9] (cont.)

Programa de desenvolvimento de recursos humanos	Função/objetivo	Agentes locais envolvidos	Resultados
Conscientização agroturística nas escolas do meio rural.	Conscientizar os alunos do ensino fundamental sobre a importância do agroturismo no que diz respeito à preservação do espaço rural, de recepção turística, da geração de empregos, da participação do município no desenvolvimento do setor, entre outros. Para esse projeto, foi elaborada uma cartilha de conscientização turística.	Produtores rurais, Senac, Embratur, Seag, Sebrae-ES, Sedes, Seama (Secretaria de Estado para Assuntos de Meio Ambiente), Secretarias Municipais de Turismo.	Já foi publicada e utilizada *a Cartilha do Agroturismo* em algumas escolas da rede rural de ensino fundamental. O problema é a metodologia de trabalho que, de certa forma, deturpa a idéia de turismo, pregando uma verdadeira panacéia, em que os alunos recebem de seus professores informações altamente fundamentadas em uma postura acrítica e economicista.
Cursos para guias de turismo rural.	Realização de cursos para guias de turismo em função das exigências do Sindicato dos Guias e da Embratur, com especial enfoque para o turismo rural.	Produtores rurais, Senac, Embratur, Seag, Sebrae-ES, Sedes, Seama, Sindicato dos Guias de Turismo do Estado do Espírito Santo, Secretarias Municipais de Turismo.	Ainda não foi formada nenhuma turma de profissionais com o reconhecimento do Sindicato dos Guias de Turismo. Em Vitória, o Senac chegou a oferecer alguns cursos de complementação de formação, mas não houve procura por parte da classe. Atualmente, algumas turmas de atualização têm sido oferecidas pelo próprio

Programa de desenvolvimento da infra-estrutura turística	Função/objetivo	Agentes locais envolvidos	Resultados
			Sindicato, por meio de seu programa de qualificação permanente. Em Venda Nova do Imigrante e em Domingos Martins, alguns monitores foram treinados para atuarem dentro das fazendas, mas sem o título de "guias".
Implantação de postos avançados do agroturismo ao longo da Rodovia BR 262.	Criar três postos avançados para venda dos produtos do agroturismo para atender aos viajantes que transitam pela Rodovia BR 262. A construção deveria estar, conforme projeto inicial, de acordo com as condições arquitetônicas e ambientais das localidades onde seriam instaladas.	Proprietários rurais, Seag, Seama, Sedes, Bandes (Banco do Desenvolvimento Econômico do Estado do Espírito Santo Embratur e Geres (Grupo Executivo de Reestruturação Econômica do Espírito Santo).	Nenhum dos três postos previstos foram construídos. Essa idéia foi abandonada e atualmente se incentiva a adequação de instalações nas próprias propriedades para a venda, ou ainda por meio das associações de artesãos e/ou produtores, como a situada no pórtico da cidade de Domingos Martins.
Implantação de alojamentos rurais.	Visa à adequação de casarões ou sedes de fazendas em alojamentos	Proprietários rurais, Seag, Seama, Sedes, Bandes (Banco do Desenvolvimento	Esse projeto não seguiu a idéia inicial. Na realidade, muitas propriedades optaram por não

(Continua)

Quadro 5.1 – Panorama da proposta piloto do programa do agroturismo em 1999[9] (cont.)

Programa de desenvolvimento da infra-estrutura turística	Função/objetivo	Agentes locais envolvidos	Resultados
	rurais, originando estabelecimentos de hospedagem com características próprias do meio rural, com 6 a 10 unidades habitacionais.	Econômico do Estado do Espírito Santo), Embratur e Geres (Grupo Executivo de Reestruturação Econômica do Espírito Santo).	alojar os turistas, fazendo parcerias com as hospedarias das cidades. As que investem nessa atividade têm demonstrado preferência pela construção de chalés, em geral, em quantidade bem superior ao previsto pela proposta piloto.
Implantação de postos de venda de produtos agrícolas nas propriedades rurais.	Dentro de um sistema padronizado, antecipando o processo da implantação de alojamentos rurais, a instalação desses postos de venda torna-se importante em face da exigência de uma infra-estrutura que permite ao turista adquirir o produto agrícola de forma organizada.	Proprietários rurais, Seag, Seama, Sedes, Bandes (Banco do Desenvolvimento Econômico do Estado do Espírito Santo Embratur e Geres (Grupo Executivo de Reestruturação Econômica do Espírito Santo).	Já são muitas as propriedades que possuem instalações para venda direta de produtos ao consumidor. Esta é uma atividade que parece estar dando certo, realmente fazendo ingressar renda para as famílias de produtores rurais.
Implantação de restaurantes rurais.	Construção ou adaptação de instalações nas propriedades para oferecer aos	Proprietários rurais, Seag, Seama, Sedes, Bandes (Banco do Desenvolvimento	Ainda são poucos os restaurantes rurais. O mais importante e um dos pioneiros é o da propriedade

Programa de promoção do agroturismo	Função/objetivo	Agentes locais envolvidos	Resultados
	turistas a farta culinária regional, fortemente influenciada pelas culturas italiana e alemã.	Econômico do Estado do Espírito Santo), Embratur e Geres (Grupo Executivo de Reestruturação Econômica do Espírito Santo), Senac e Sebrae.	*Fazenda Saúde*, que recebe grande quantidade de turistas por mês. No entanto, é uma das possibilidades mais promissoras para as fazendas do agroturismo.
Sinalização agroturística.	Previa a criação da logomarca do agroturismo para implantar placas indicando os equipamentos e propriedades rurais destinadas à visitação/aquisição.	Produtores rurais, Der (Departamento de Estradas e Rodagem), Dner (Departamento Nacional de Estradas e Rodagem), Prefeituras Municipais, Seag, Seama, Sedes.	A sinalização ainda está longe de ser padronizada. O que se nota é uma crescente implantação de placas das mais variadas cores e tamanhos, provocando em determinados pontos da Rodovia BR 262 verdadeiros focos de poluição visual. Contribuem para a degradação visual da paisagem e pouco orientam os turistas, subvertendo seus próprios objetivos.
Campanha para promoção do agroturismo.	Produção de folheteria, edição do livro de receitas da culinária rural, outdoors, produção de fitas de vídeo, pôsteres, mídia publicitária impressa e eletrônica,	Produtores rurais, Seag, Seama, Sedes, Cia. Vale do Rio Doce (indústria e mineradora), Cia. Aracruz Celulose (indústria), empresários de turismo, órgãos municipais de turismo	Este é, inquestionavelmente, o projeto mais avançado, pois diariamente existe na mídia alguma referência ao *Programa do Agroturismo*, principalmente no que se refere aos municípios de

(Continua)

QUADRO 5.1 – Panorama da proposta piloto do programa do agroturismo em 1999[9] (cont.)

Programa de promoção do agroturismo	Função/objetivo	Agentes locais envolvidos	Resultados
	realização de eventos e feiras, participação em feiras de turismo no Brasil e no exterior, publicação da cartilha do agroturismo, edição do guia do produtor rural.		Domingos Martins e Venda Nova do Imigrante. Quase todos os recursos de divulgação estão sendo utilizados , gerando resultados considerados bem satisfatórios.

Programa de implementação da proposta piloto	Função/objetivo	Agentes locais envolvidos	Resultados
Programa de implementação.	Criação do Agrotur – "Centro Regional para o Desenvolvimento do Agroturismo", uma entidade civil, sem fins lucrativos constituída juridicamente para gerenciar os projetos com o apoio técnico de entidades governamentais.	Seag, Sedes, prefeituras municipais, produtores rurais, iniciativa privada.	Em 1993 foi criado oficialmente o Agrotur, que durante alguns anos funcionou como um centro de convergência dos interesses dos agentes locais.

Criação de conselhos regionais para o desenvolvimento do agroturismo.	Não especificado no documento original do governo estadual.	Seag, Sedes, prefeituras municipais, produtores rurais, iniciativa privada.	Nos últimos anos, o Agrotur passou a atender aos interesses dos produtores de Venda Nova do Imigrante, fazendo com que alguns dos demais municípios abrissem suas próprias associações. Na realidade, houve uma completa descaracterização do objetivo de criação do órgão e um certo descaso caso com os interesses dos agentes de outros municípios.
Infra-estrutura básica de acesso	**Função/objetivo**	**Agentes locais envolvidos**	**Resultados**
Infra-estrutura básica de acesso.	Melhoria de acesso às propriedades rurais, para facilitar a visitação.	Produtores rurais, prefeituras municipais.	Existe um cronograma de investimentos que ainda se encontra em andamento para a melhoria da malha viária. O maior problema se encontra em alguns roteiros de estradas não pavimentadas, pois as operadoras de turismo não se interessam em montar grupos devido ao desconforto e ao risco de tráfego. Deve-se, no entanto, realizar um cuidadoso estudo para que as novas interferências na malha não resultem em fluxos excessivos para lugares de baixa tecnificação, susceptíveis a graves impactos socioambientais.

Isto posto, resta então discutir alguns parâmetros de investigação utilizados nessa pesquisa para se observar a existência e o grau de evolução de processos de desenvolvimento. Vale lembrar que se lançou mão do conceito de "desenvolvimento socioespacial", baseado na construção teórica de SOUZA (1992 e 1996), que em linhas gerais se manifesta em três grandes princípios: o da qualidade de existência, o da autonomia e o do crescimento econômico propriamente dito.

Esses princípios foram divididos em alguns temas de análise conforme se pode observar no quadro 5.2. Cada tema permitiu criar um sistema de variáveis investigáveis empiricamente, que deram as pistas do grau de amadurecimento do processo na região serrana central. Vale destacar aqui o fato de que as conclusões expostas se basearam nos três princípios do desenvolvimento socioespacial. É dizer que qualquer outra conceituação de desenvolvimento possibilitaria outras reflexões.

Antes de se passar ao quadro, vale resgatar as idéias de SOUZA (1996: 5), que afirmou:

> *"Desenvolvimento pressupõe mudança, transformação – e uma transformação positiva, desejada ou desejável. Clamar por desenvolvimento (seja a partir de que ângulo for) só é concebível, portanto, no seio de uma cultura que busque a mudança ou que esteja conscientemente aberta a essa possibilidade como um valor social."*

E o autor prossegue:

> *"(...) um processo de aprimoramento (gradativo ou, também, através de bruscas rupturas) das condições gerais do viver em sociedade em nome de uma maior felicidade individual e coletiva, o princípio mais fundamental sobre o qual pode se assentar esse processo parece ser a autonomia individual e coletiva (...). A autonomia é um princípio ético e político, o qual (...) não define um conceito de desenvolvimento, mas justamente propicia uma base de respeito ao direito de cada coletividade de estabelecer, segundo as particularidades de cada cultura, o conteúdo concreto (sempre mutável) do desenvolvimento: as prioridades, os meios, as estratégias."*
>
> *SOUZA (1996: 10)*

RESULTADOS OBTIDOS

Tendo em vista as leituras feitas, as entrevistas realizadas durante os trabalhos de campo e o aprofundamento dos estudos sobre a concepção de desenvolvimento socioespacial, pode-se chegar a algumas conclusões que se consideram de grande importância para se repensar os rumos do agroturismo no Estado do Espírito Santo. Essas conclusões, por vezes acompanhadas de propostas, visam:

a) à otimização dos resultados econômicos proporcionados pelo turismo em espaço rural;

Quadro 5.2 – Parâmetros utilizados para estudar o processo de desenvolvimento socioespacial na região serrana central do Estado do Espírito Santo

Princípios	Referenciais primários	Referenciais secundários[11]
Princípio da autonomia	Autonomia local	Observar a autonomia do lugar diante de outros lugares, buscando compreender suas vinculações culturais, políticas e de mercado, entre outras.
	Agentes locais do desenvolvimento	Observar a composição do conjunto de agentes locais de desenvolvimento e se o trabalho destes realmente atende aos anseios coletivos.
Princípio da qualidade de existência	Qualidade de vida	A qualidade de vida se observa por meio da detecção daquilo que para a comunidade deve ser melhorado, ou seja, propõe-se que a coletividade eleja os elementos que farão parte do conjunto de metas a serem alcançadas das para que exista a mencionada "felicidade coletiva".
	Qualidade ambiental	Já a qualidade ambiental é percebida por meio de critérios técnicos, opiniões da coletividade local e de serviços de saneamento ambiental.
Princípio do crescimento econômico	Reprodução do lucro das empresas	É um indicador importante para se detectar a existência de uma dinâmica produtiva que resulte em benefícios coletivos.
	Existência de "meio de inovação endógeno"	O conteúdo técnico responsável pela dinâmica econômica deve preferencialmente ser dinamizado a partir das experiências locais, de modo que o lugar não dependa exclusivamente de *know-how* externo.
	Geração de postos de trabalho	Observar se em âmbito local está ocorrendo aumento na oferta de postos de trabalho e se estes estão sendo ocupados por membros da comunidade.
	Geração de impostos	Verificar se a produção econômica local está resultando em geração de impostos e de que maneira estes sejam investidos em benfeitorias locais que melhorem a qualidade de vida da comunidade.

Fonte: PORTUGUEZ (1998).

[11] Os referenciais secundários são pesquisados por meio de parâmetros específicos identificados no âmbito de cada lugar, constituindo em seguida os parâmetros terciários, que dão roupagem própria aos processos de desenvolvimento com base local.

b) à ampliação dos benefícios sociais com vistas à melhoria das condições de existência das comunidades;
c) à conservação da qualidade ambiental;
d) ao reforço das políticas comunitárias de gestão participativa dos próprios rumos.

Na realidade, o que se deseja é reforçar a idéia de que existe uma clara diferença entre os termos desenvolvimento do turismo e desenvolvimento por meio do turismo. Mais fácil é perceber o desenvolvimento da atividade mensurável econometricamente ou mesmo por meio de indicadores da ampliação dos fluxos.

Por outro lado, a verificação do desenvolvimento por meio do turismo se mostra como tarefa bem mais complexa, resgatando aqui a necessidade de se levar em consideração elementos não-econômicos, de mensuração mais difícil e, por vezes, bastante abstrata. Passa-se então, com base no quadro de parâmetros, a expor algumas conclusões da pesquisa:

O primeiro princípio analisado foi o da autonomia, que diz respeito à capacidade de autogestão dos atores sociais locais, que segundo a concepção de desenvolvimento socioespacial consiste em um pilar fundamental para a existência do referido processo. Partiu-se de dois pontos de vista: a autonomia dos atores sociais e a autonomia do lugar, em relação a outros.

Desde 1994, o Programa Nacional de Municipalização do Turismo (PNMT) vem criando oportunidades de refletir e decidir os rumos do turismo em escala local. Trata-se de um processo de acordo com o qual as prefeituras passam a criar condições operativas para que um Conselho Municipal de Turismo possa assumir os rumos do setor no âmbito municipal. Parece idéia comum que esse Conselho deva sempre ser composto por lideranças comunitárias de efetiva representatividade social.

Verificou-se, no entanto, que na maioria dos municípios o processo da municipalização ainda não ocorreu e, nos que já possuem o Conselho, os proprietários não se fizeram ouvir de maneira satisfatória. Assim, alguns ajustes necessitam ser operados na composição dos referidos grupos de trabalhos, para que se tornem mais democráticos e representem verdadeiramente os anseios de toda a coletividade.

Quanto à questão da autonomia dos lugares, verificou-se que Venda Nova do Imigrante e Domingos Martins possuem um dinamismo bem mais aguçado que os demais municípios da região serrana central do Espírito Santo, de forma que se tornam pouco dependentes de outras localidades para tomar decisões, bem como para direcionar suas políticas locais de oferta dos chamados produtos diferenciados.

O mesmo não se pode dizer de outros municípios do setor serrano, onde a ação em prol do turismo ainda depende muito de financiamentos e assessorias externas, muitas vezes valendo-se do sucesso das duas principais cidades para conquistar algumas vantagens. Em outras palavras, na linguagem popular, Venda Nova do Imigrante e Domingos Martins são os carros-chefes do agroturismo capixaba.

O segundo princípio diz respeito à qualidade de existência, que se manifesta basicamente em dois indicadores: a qualidade de vida e a qualidade ambiental. Já é de conhecimento comum que, quando uma localidade é boa para os seus moradores, será boa para os seus visitantes. Portanto, a qualidade de estada depende bastante da ocorrência de boas condições de existência em âmbito local.

É evidente que ambas estão altamente relacionadas, pois as boas condições para o bem-viver dependem muito do equilíbrio ambiental. No entanto, optou-se por investigar algumas dimensões separadamente para permitir alguns aprofundamentos teóricos e empíricos.

No que se refere à conservação do meio, pode-se verificar que a região serrana central ainda apresenta boa qualidade visual e os processos de regulação da dinâmica ambiental ainda se encontram relativamente equilibrados. No entanto, algumas agressões foram detectadas:

a) utilização de placas de divulgação do produto agroturístico de maneira inadequada, causando, por vezes, sérios prejuízos à qualidade visual da paisagem;
b) inadequação de alguns traçados de vias que estimulam processos erosivos, principalmente em localidades de tráfego mais intenso de turistas, como em Domingos Martins, por exemplo;
c) forte descuido com o casario colonial remanescente dos antigos períodos de imigração, sobretudo italiana e alemã (séculos XIX e XX) e um certo exagero na utilização de soluções arquitetônicas, que destoam das características tradicionais do mundo rural. Tal fato tem gerado grandes desequilíbrios e alterações no perfil de uso e de conservação do ambiente analisado;
d) agressões à conservação das propriedades provocadas pelos próprios turistas, motivo de queixas por parte dos proprietários e de preocupações por parte dos educadores ambientais. O mau costume de não destinar o lixo para os locais indicados foi o principal motivo de reclamações.

Vale lembrar que boa parte das variáveis geralmente utilizadas em pesquisas específicas sobre qualidade ambiental é de caráter eminentemente técnico, motivo pelo qual muitas delas não foram utilizadas na investigação, pois priorizaram-se as questões referentes à conservação da qualidade da paisagem, por ser de interesse direto do turismo.

Propôs-se, por sua vez, que os estudos referentes à qualidade de vida fossem sempre realizados a partir da detecção daquilo que a comunidade definisse como prioridade; ou seja, se desenvolvimento pressupõe felicidade individual e coletiva (SOUZA, 1996: 5), é o residente, em geral, quem deve dizer em que os benefícios financeiros do turismo devem ser aplicados (saúde, educação, saneamento, segurança, entre outros exemplos) para que ela possa ocorrer.

Essa detecção de prioridades foi realizada apenas com um grupo de atores sociais: o proprietariado, como forma de demonstrar que a comunidade deve ser ouvida para que os benefícios de qualquer setor produtivo possam ser revestidos em benfeitorias sociais. Para essa classe, a melhoria na conservação das estradas, novas pavimentações, investimentos em treinamento empresarial, produção de campanhas de marketing e abertura de linhas mais acessíveis de financiamento deveriam ser as prioridades de aplicação das verbas arrecadadas com o turismo.

Caso outros grupos fossem ouvidos, outras reivindicações certamente apareceriam, cabendo aos agentes locais a decisão pelo melhor programa de investimentos sociais.

Por fim, o terceiro e último princípio é o do crescimento econômico. Para organizar as ações de estudos, propôs-se investigar quatro elementos básicos para a detecção e manutenção do crescimento: o lucro dos empresários, a existência de meios de inovação endógenos, a geração de postos de trabalho e o aumento na arrecadação de impostos.

Verificou-se que o agroturismo realmente está agregando renda para os proprietários envolvidos com o programa, fato que os incentiva a prosseguir em suas empreitadas. Mostraram-se bastante entusiasmados com o crescimento constante do fluxo e revelaram que, a partir do momento em que passaram a trabalhar com o agroturismo, suas propriedades passaram a ter um aumento médio de 30% em seus lucros (PORTUGUEZ, 1999: 116).

No que se refere aos meios de inovação, vale aqui lembrar que, a cada dia que passa, os lugares turísticos estabelecem entre si uma forte concorrência pela preferência dos turistas, fato que tem gerado constantes inclusões e exclusões dos territórios no mercado recreacional. Assim, a sobrevivência e a manutenção do fluxo em volume satisfatório para uma determinada localidade vai depender bastante de sua capacidade de inovar.

Ambientes que oferecem aos turistas aquilo que tantos outros já oferecem, por puro modismo, correm sérios riscos em função da referida concorrência, pois nesse caso o que vai definir o sucesso dos núcleos receptores será o custo, a qualidade dos serviços e o status social proporcionado a quem visita seus atrativos.

Por outro lado, os territórios capazes de criar produtos inovadores, pelo menos em alguns aspectos, geram a possibilidade de despertar a curiosidade do público consumidor, passando a disputar com armas mais fortes a preferência dos turistas. Na região pesquisada, verificou-se que a formatação do produto ainda se encontra na fase da imitação. O que se vê e se compra nas propriedades se repete bastante e, em alguns casos, o desconhecimento dos produtores rurais tem feito com que eles ofereçam equipamentos totalmente desvinculados da realidade rural, criando pequenos clubes urbanos em pleno setor serrano do Estado.

Urge que se faça um trabalho de conscientização para que os empreendedores passem a dar aos atrativos de suas propriedades um aspecto bem particularizado, característico do ambiente em que se insere e de acordo com as propostas do programa (original) do Agroturismo. Nesse caso, não se pode afirmar que a região serrana central do Espírito Santo é um meio inovador, pois ainda deixa muito a desejar no que se refere à oferta de algo realmente novo.

Quanto à geração de postos de trabalho, quem faz atualmente a recepção dos turistas são os proprietários e seus familiares, fato que dificulta a contratação de pessoal para trabalhar em função dos visitantes. Observou-se em campo que a contratação é mínima, mas em virtude do crescimento do fluxo verificado nos últimos anos, existe a possibilidade de, em breve, o número de contratações sofrer forte incremento.

De qualquer forma, pode-se dizer que, desse ponto de vista, o programa é bastante viável, pois certamente colabora para a reinserção de artesãos, de trabalhadores aposentados e de indivíduos desocupados (das famílias proprietárias) no mercado produtivo, possibilitando ainda a expansão do setor recreacional nos centros urbanos, que dão suporte operacional aos locais visitados no meio rural.

Por fim, o último aspecto investigado referiu-se à geração/arrecadação de impostos. Sabe-se que, para uma prefeitura realizar investimentos de ordem social, ela necessita de recursos advindos, sobretudo, de sua estrutura de arrecadação. Sendo o turismo um setor que vem crescendo bastante, procurou-se, saber se, paralelamente a esse crescimento estaria ocorrendo a ampliação da receita municipal por meio de impostos.

Verificou-se que os proprietários não estão recolhendo adequadamente o ICMS – Imposto sobre Circulação de Mercadorias e Serviços – referente aos gastos dos turistas em suas propriedades. Notou-se também que os visitantes não têm o hábito de solicitar notas fiscais. Isso se reflete na falta de recursos públicos para determinados investimentos que poderiam melhorar as condições de existência em escala regional. Propôs-se um estudo mais aprofundado desse tema para que uma legislação específica possa ser criada, com o intuito de regulamentar a arrecadação do imposto dos proprietários.

Como se viu, o Programa do Agroturismo necessita de grande quantidade de ajustes para se poder afirmar que realmente promove o desenvolvimento socioespacial. Promove em parte, tendo condições claras de ampliar seus benefícios e, com isso, assegurar para a população residente e para os visitantes um ambiente altamente produtivo, dinâmico, equilibrado e, evidentemente, atrativo. Para tanto, é necessário definir claramente o tipo de desenvolvimento que se tem, o que se deseja e principalmente o que é possível ser alcançado.

Essa clareza da situação permitirá redefinir os rumos do programa, fato que certamente possibilitará grandes avanços em direção a uma situação social local mais justa e comprometida com a tão sonhada felicidade coletiva.

Bibliografia

BENEVIDES, I.P. *Turismo e Prodetur, dimensões e olhares em parceria.* Fortaleza, EUFC, 1998.

CARPIO MARTIN, J. *El desarrollo local. Claves para la promoción del desarrollo.* São Paulo, DG-FFLCH/USP, 1996 (Programa de Curso).

________. *Nuevas realidades en el desarrollo local en España e Iberoamérica.* Santiago de Compostela, Seminario Internacional sobre Perspectivas de Desarrollo en Iberoamérica, 1999 (Originais da conferência).

CAVACO, C. Turismo rural e desenvolvimento local. In: RODRIGUES, A.A.B. *Turismo e geografia, reflexões teóricas e enfoques regionais.* São Paulo, Hucitec, 1996.

ESPÍRITO SANTO (Estado). Sedes – Secretaria de Estado do Desenvolvimento Econômico. *Agroturismo – região serrana central do Estado do Espírito Santo: perfil de proposições.* Vitória, Sedes/Seag, 1992.

MAX-NEEF, M.A. *Desarrollo a escala humana. Conceptos, aplicaciones y algunas reflexiones.* Montevidéo, Noraan Comunidad/ICARIA, 1993.

PORTUGUEZ, A.P. *Turismo e desenvolvimento socioespacial. Reflexões sobre a experiência do agroturismo no Estado do Espírito Santo.* São Paulo, Dissertação de Mestrado apresentada ao DG-FFLCH/USP para a obtenção do título de Mestre em Geografia Humana. DG-USP, 1998.

________. Agroturismo e desenvolvimento regional. São Paulo, Hucitec, 1999.

RODRIGUES, A.A. B. Turismo e Espaço. Rumo a um conhecimento transdisciplinar. Hucitec, 1997.

________. (Org.) *Turismo e desenvolvimento local.* São Paulo, Hucitec, 1997.

________. Turismo eco-rural. Interfaces entre o ecoturismo e o turismo rural. In: ALMEIDA, Joaquim FROEHLICH, A.J.M.; RIEDL, M. (Orgs.). *Turismo rural e desenvolvimento sustentável.* Santa Maria, UFSM, 1998.

SETÚBAL, A.C.B. de. *Agroturismo: uma forma de turismo rural.* São Paulo, Anais do 1º Encontro Nacional de Turismo com Base Local, DG-FFLCH/USP, 166-8, 1º - 3 de Maio, 1997.

SOUZA, M.J.L. *Planejamento integrado de desenvolvimento. Natureza, validade e limites.* In: *Terra Livre.* nº 10, 123-39, AGB-SP, 1992.

________. O território: sobre espaço e poder autonomia e desenvolvimento. In: CASTRO, I.E.; GOMES, P.C.C.; CORRÊA, R.L. (Orgs.). *Geografia, conceitos e temas.* Rio de Janeiro, Bertrand Brasil, 1995.

________. A teorização sobre o desenvolvimento em uma época de fadiga teórica, ou sobre a necessidade de uma "teoria aberta" do desenvolvimento socioespacial. Revista *Território.* Rio de Janeiro, Delume Dumará, v. 1, n. 1, 1996.

________. Como pode o turismo contribuir para o desenvolvimento local? In: RODRIGUES, A.A.B. (Org.). *Turismo e desenvolvimento local.* São Paulo, Hucitec, 17-22, 1997.

TESSARI, R. *O que é agroturismo?* Venda Nova do Imigrante, AGROTUR, 1994 (Mimeogr.).

ZIMMERMANN, A.; CASTRO, I.C. de. *Turismo rural. Um modelo brasileiro.* Florianópolis, Editora do Autor, 1996.

capítulo 6

Turismo, Conservação Ambiental e Planejamento Urbano em "Cidades Históricas"

O Caso de São Mateus (ES)[1]

Anderson Pereira Portuguez
Fernando Jakes Teubner Jr.[2]

> *"Por medio de los objetos el pasado se acerca al presente; con los objetos, el pasado viaja al presente y con ellos la cultura fluye. Así, los mismos objetos producidos un día, en su estante permanencia a lo largo del tiempo y con su transcurrir noticiado por las distintas generaciones, alimentan la cultura y condiciona por sí mismos a los nuevos productores de objetos."*
>
> *Josep BALLART (1997: 17-8)*

O espaço urbano a cada dia sofre mais aportes técnicos que o mergulham em um fantástico dinamismo jamais visto ao longo da história. Esse dinamismo é, em grande parte, resultante de uma série de operações (novas ou renovadas) em estruturas produtivas que transformam a economia pós-moderna em algo contraditoriamente espetacular e, ao mesmo tempo, adensador de múltiplas desigualdades.

O turismo, como setor produtivo organizado e como parte integrante da engrenagem econômica das sociedades pós-industriais (RODRIGUES, 1997: 125), nasceu e se fundamentou, ao longo de seus últimos 50 anos de história, em

[1] Este trabalho, cuja realização contou com a colaboração dos alunos do Colegiado de Geografia da Unilinhares, foi apresentado em novembro de 2000 no GT IV, do IV Encontro Nacional de Turismo com Base Local, Joinville, Santa Catarina.

[2] Mestre em Geoprocessamento pela Universidade de São Paulo e professor das cadeiras de Cartografia da Unilinhares, Linhares, ES.

matrizes urbanas, mesmo quando praticado fora dos limites dos perímetros citadinos. Nessa perspectiva, dizer que o turismo é um fenômeno eminentemente urbano significa dizer que suas lógicas de regulação fundamentam-se em um solo cultural altamente complexo, retratando muito bem o que Milton SANTOS (2000: 1537) chamou de *modo de produção técnico-científico e informacional.*

O meio urbano como expressão dessa alta complexidade técnica produz e reproduz modalidades de uso dos espaços, inclusive os destinados à recreação, a partir de perspectivas que eram inimagináveis até bem pouco tempo. O turismo virtual, os parques temáticos e os lugares de lazer noturno (com suas luzes, cores e atrativos), entre outros exemplos, são apenas alguns indicadores dessa complexidade que se amplia como forma de permitir a competitividade consciente entre os territórios turísticos.

Tal competitividade é incentivada pela grande quantidade de novas ofertas de ambientes para o desfrute individual e/ou coletivo. Nesse sentido, a demanda passa a ter um maior leque de opções e, certamente, será a competência da estrutura de serviços de cada núcleo receptor que definirá o sucesso ou o fracasso dos seus empreendimentos.

Melhor dizendo, a competência turística de uma localidade é vista atualmente a partir não somente de seus atrativos e potencialidades, mas, sobretudo, de sua capacidade de *seduzir* e, principalmente, agradar uma clientela cada dia mais exigente e sedenta de novidades. Assim, sempre que se diversifica a oferta recreativa dos lugares turísticos, cria-se a expectativa do reconhecimento dos esforços empreendidos e a aquisição de viagens a eles destinadas.

O município de São Mateus sempre teve o seu potencial turístico associado ao balneário de *Guriri*[3], de forma que sua imagem sempre se relacionou com o turismo "sol e praia". Agora, com a recuperação dos remanescentes arquitetônicos do antigo Porto, pretende-se buscar alternativas ao turismo de litoral, incentivando novas estruturas de gasto no setor central da cidade, já que o balneário se situa a uma distância de aproximadamente 13 quilômetros do centro.

Nesse trabalho, analisaram-se especificamente os primeiros passos do processo de refuncionalização de um sítio histórico protegido por legislação estadual/municipal, com vista à futura formatação de produtos turísticos que se pretende oferecer aos operadores dentro em breve. Trata-se do Sítio Histórico do Porto de São Mateus, que atualmente passa por obras de restauração e reconstrução dos edifícios antigos, os quais abrigarão empreendimentos de ordem turística em futuro próximo.

---

[3] A palavra Guriri é de origem indígena e se refere a uma espécie rara de palmeira tropical, a qual em tempos passados era muito comum em toda a ilha que hoje leva seu nome e que consiste no principal balneário do município de São Mateus. Guriri é também o principal pólo de atração de todo o litoral norte do Espírito Santo, bem como o de melhor estrutura para recepção.

Analisou-se de que maneira as atuais características estruturais desse território e seu entorno colaboram, ou não, para a formatação de um produto turístico viável para esse espaço urbano, mostrando as vantagens e os riscos desse tipo de exploração. Esse levantamento teve como função reunir um conjunto de dados de interesse dos pesquisadores do assunto para, em seguida, incentivar novas pesquisas sobre essa temática.

Acredita-se que os dados pesquisados certamente colaborarão para o planejamento municipal e empresarial ligados ao setor, e este é o primeiro estudo feito sobre o assunto em São Mateus. Passa-se, então, a uma análise do entorno do velho porto, um dos três principais sítios históricos do interior do Estado do Espírito Santo.

TURISMO EM CIDADES HISTÓRICAS COMO CATEGORIA DE TURISMO URBANO – O CASO DE SÃO MATEUS

Já se sabe que toda atividade turística é, por natureza, cultural. Daí a imprecisão de expressões do tipo *turismo cultural* ou ainda *turismo em cidades históricas*, pois todas as cidades, turísticas ou não, são historicamente produzidas.

O prof. Dr. Miguel Angel TROTIÑO, assim como alguns pesquisadores do assunto, procurou resolver o problema conceitual afirmando que a idéia de *histórico* se associa muito mais ao caráter patrimonial que propriamente temporo-processual dos fatos sociais[4]. Porém, o impasse persiste, pois a referência ao uso não exclui a inadequação dos vocábulos. Pelo contrário, conforma-se em não resolvê-lo. Assim, vale a pena refletir um pouco sobre essa categoria de turismo.

Segundo Milton SANTOS (1997: 32-3), o espaço é um produto social historicamente produzido, que soma em suas formas uma série de temporalidades acumuladas, que se materializam territorialmente por meio de vestígios. Essa acumulação de remanescentes, independente, muitas vezes, do grau de tecnificação e de sua localização em meios rural ou urbano.

Todo lugar é histórico e se produz a partir de preceitos culturais, que variam ao longo do tempo, fazendo com que a paisagem apresente a adição de momentos distintos da evolução social. Em outras palavras, pode-se dizer que a paisagem é a somatória de tempos distintos, do homem e dos demais elementos da natureza, que se conjugam e, por vezes, produzem lugares capazes de serem utilizados para fins de recreação.

---

[4] Afirmação feita durante as suas aulas sobre "Turismo em Cidades Históricas", no programa de Doutorado em Geografia Humana da Universidade Complutense de Madrid, em abril de 2000.

A cada período de evolução técnica, o meio sofre interferências que rompem progressivamente os moldes culturais materializados no espaço, fazendo com que o novo e o antigo coexistam e revelem o seu caráter dinâmico. Ocasionalmente, conforme já referido, esse patrimônio deixado pela sociedade em momentos passados pode-se tornar de grande interesse de estudo, de conservação, de memorização e, inclusive, de operacionalização turística. Surge então aquilo comumente chamado de potencial para o turismo histórico, que nesse trabalho se denominou, como proposta conceitual, de Turismo em Áreas de Patrimônio Arquitetônico Protegido.

Do ponto de vista conceitual, considera-se que a expressão *área* permite referir-se à arquitetura rural e urbana da mesma forma, sem conferir maior ou menor importância de uma sobre a outra. No caso do Espírito Santo, esse fato pode ser percebido em algumas localidades da região serrana situada na porção central do Estado, onde existe forte potencial para essa modalidade de turismo em áreas rurais, pois o casario deixado por imigrantes italianos e alemães (entre outros), datado do século XIX, ainda se encontra bem conservado e em condições para o uso turístico.

Por sua vez, a expressão *patrimônio arquitetônico protegido* refere-se à necessidade de realizar políticas de conservação para que só depois se incentive a atividade turística, com vistas a melhorar a conservação das edificações. Também parece claro que a expressão *histórico* é utilizada, em geral, em localidades onde as construções são os atrativos principais.

Em sua palestra durante o II Seminário Nacional de Turismo e Cultura, realizado na cidade de Santo Ângelo, RS, de 23 a 25 de agosto de 2000, a arquiteta Beatriz KOTHER lembrou que:

> *"No Brasil, o conceito de Patrimônio Cultural está enraizado no decreto-lei nº 25 de 30 de novembro de 1937, qual diz que o Patrimônio Histórico e Artístico Nacional é constituído pelo conjunto de bens móveis e imóveis existentes no país e cuja conservação seja de interesse público, seja por sua vinculação aos fatores memoráveis da história do Brasil, seja por seu excepcional valor arqueológico, etimológico, bibliográfico ou artístico."*

Para essa mesma pesquisadora, "falar em patrimônio Histórico é falar de preservação e, como salienta a Carta de Veneza, a melhor maneira de preservar é através da utilização e da conservação". O turismo tem sido visto como uma das formas de utilização mais importantes para possibilitar essa conservação, mesmo se admitindo que existem situações em que o excesso de uso resulta em degradações graves.

Nessa perspectiva, vale aqui destacar o fato de que no Brasil, e em especial no Espírito Santo, o turismo em áreas de patrimônio arquitetônico protegido não é uma atividade que vem recebendo a devida atenção do poder público, embora algumas iniciativas isoladas já tenham sido efetivadas. Nesse Estado, são três as cidades situadas no interior que apresentam potencial reconhecido para essa modalidade de turismo: Anchieta, Muqui e São Mateus[5].

Anchieta é uma pequena cidade localizada no litoral sul do Estado, cuja importância histórica não alcança escala nacional, apesar de inúmeros esforços da prefeitura para divulgar a cidade. Seu sítio histórico é bastante reduzido e ainda em fase de estudos (escavações arqueológicas), sobretudo nas áreas em torno da Igreja de Nossa Senhora da Assunção (século XVI), onde também está o Museu Nacional de Anchieta (antiga residência do padre). A importância histórica da pequena cidade se deve ao fato de nela ter vivido o Padre José de Anchieta, o mais importante jesuíta da história nacional, tendo ali controlado por vários anos o processo de *catequização* dos indígenas do sul do Espírito Santo, conforme relata SANTOS NEVES, PACHECO e BRAVIN (1996: 17-20).

Por sua vez, o município de Muqui, situado na porção centro-sul do Estado, está atualmente operando as ações necessárias à criação de uma política de conservação das edificações datadas das primeiras décadas do século XX. Trata-se de uma das maiores concentrações representativas desse período no Brasil, em um total que pode ultrapassar 560 casarões protegidos. Embora ainda desconhecida, a cidade pretende, após a assinatura dos acordos de conservação e recuperação do casario, iniciar as atividades de divulgação e captação de fluxo.

As informações disponíveis para pesquisa a respeito da dinâmica recreacional do município de Muqui são ainda muito inconsistentes, fato que não permite aprofundar algumas discussões de cunho científico. Espera-se que os pesquisadores do turismo se interessem em investigar esse sítio histórico, pois, como ainda está em fase muito inicial de ordenação, inúmeros impactos indesejáveis podem ser evitados com boas investigações.

São Mateus é o sítio histórico mais conhecido do Estado, inclusive reconhecido como de grande valor turístico, já que o fluxo de Anchieta é tido como de caráter religioso e o de Muqui é quase inexistente, embora potencialmente relevante.

Não há registros históricos da data precisa da fundação de São Mateus, pois a presença portuguesa não foi registrada em documentos. Sabe-se, porém, que se deu por volta da década de 50 do século XVI. NARDOTO e LIMA (1999: 28) escreveram em sua *História de São Mateus* que:

> *"(...) a documentação histórica que registra a presença mais remota de portugueses na região é a que trata da Batalha do Cricaré, ocorrida em fins de janeiro de 1558. Outra é a 'Narração epistolar de uma viagem e missão jesuítica', do padre Fernão Gardin, que veio à 'aldeia de S. Mateus' em setembro de 1583."*

---

[5] Muitas outras cidades, como a própria capital Vitória, possuem áreas de interesse *histórico*. No entanto, essas três são as que efetivamente vêm agindo no sentido de se projetarem como destinos turísticos com produtos vinculados a esse tipo de potencial.

A importância histórica dessa área remonta aos séculos XVI a XIX, quando dali se exportava boa parte da produção local de farinha de mandioca (farinha da terra), além de ter sido uma relevante porta de entrada no Estado de escravos oriundos da África negra, que passaram a ser comercializados em São Mateus a partir de 1621, quando chegaram os primeiros *lotes* (NARDOTO e LIMA, 1999: 32). A predominância de elementos negros (70%) no atual perfil da população residente resultou do ingresso desses trabalhadores escravos até a segunda metade do século XIX.

Outra importante publicação que traz dados relevantes sobre São Mateus é a obra *Negros do Espírito Santo*, cuja autoria é de SANTANA, OSÓRIO e BRAVIN (1999). Nessa obra, podem-se encontrar importantes dados levantados sobre os antigos cativos e seus descendentes de São Mateus.

Em função de sua movimentação financeira, principalmente no século XIX, o Porto de São Mateus chegou a ser um dos mais importantes da história do Espírito Santo, motivo pelo qual alguns comerciantes e famílias importantes se instalaram junto a ele. A esse respeito, NARDOTO e LIMA (1999: 50) destacaram que:

> *"De 1840 a 1870 foram sendo construídos importantes sobrados de mirantes, pátios internos, cobertos com telhas canal, gradil de ferro trabalhado, símbolo do poderio econômico da elite de então. É nessa época que surgem melhoramentos como iluminação pública por lampiões, calçamentos nas ruas com as pedras trazidas nos lastros de navios, entre outros. Só em 1917 é que chegou energia elétrica na cidade, produzida principalmente por motores."*

Com a decadência do mercado negreiro e com a abertura de estradas que permitiam o acesso por terra para a capital já nas primeiras décadas do século XX, o porto foi gradativamente perdendo importância e tornou-se uma área de prostituição[6] e ocupação por população mais pobre, já que a mais rica mudou-se para outras áreas da cidade. Com o tempo, o patrimônio se deteriorou ao ponto de muitas casas chegarem a ruir.

Porém, dentro dessa política atualmente vigente no Brasil de revitalização de áreas de interesse histórico-patrimonial, desde 1997 o poder público local iniciou um processo de incentivo ao turismo na área central, restaurando e/ou reconstruindo as antigas casas a partir de intervenções bastante incisivas.

A recuperação funcional do sítio histórico de São Mateus foi a saída encontrada pelos empresários e pelo governo municipal para melhorar as condições paisagísticas do centro da cidade, visando ainda ao incremento de novas atividades produtivas nas áreas circundantes ao porto.

---

[6] Vale aqui mencionar uma informação curiosa: a população *mateense* reconhece que, se não fosse pelas prostitutas, nada mais haveria no local, pois foram elas quem mantiveram as edificações que hoje constituem o principal atrativo do centro histórico.

Vale lembrar que, por se tratar de uma área esquecida pelas políticas públicas durante anos, ocorreu uma forte deterioração patrimonial e uma perda crescente da qualidade de vida local. Com o movimento de recuperação do Porto de São Mateus, a população pobre foi transferida para outros setores da cidade, embora ainda hoje restem algumas famílias que resistiram ao processo de exclusão. Essa atitude mostra uma grave situação de despreparo por parte das instituições responsáveis pelo projeto, pois o ideal seria manter a população residente e criar, por meio do turismo, oportunidades para a sua reinserção no mercado produtivo e/ou melhorar as suas condições de renda.

Na realidade, o que tem mudado no porto com a saída dos antigos moradores é a função do patrimônio, fato bem mais relevante do ponto de vista geográfico que a própria recuperação do casario. Tal processo tem resultado na mudança de uso do espaço, obrigando gradativamente a cidade a vibrar com as novas lógicas trazidas pelos empreendimentos que se estão instalando no local.

Um ponto deve ser destacado: a sede municipal de São Mateus não é, *stricto sensu*, um espaço turístico, pois um dos elementos definidores – o pernoite – praticamente não ocorre nessa área. Além do mais, cabe aqui lembrar que no centro da cidade existem áreas de interesse turístico, mas estas são bastante pontuais. Desse modo, o setor recreacional se localiza em locais muito bem definidos pelo uso que se faz e exige dos profissionais do planejamento urbano, um cuidado muito grande com a questão da acessibilidade, pois este será o fator-chave do desenvolvimento dessa atividade produtiva na área em estudo.

Assim, pode-se dizer que no centro de São Mateus deve-se definir o que é Centro Histórico e se este possui condições para seu imediato uso turístico. É necessário, ainda, definir os circuitos, que têm como objetivo a otimização do uso e da visualização do espaço durante as visitações, tendo como meta evitar o desgaste precipitado do patrimônio. Por fim, deve-se estipular o que será considerado área de reserva de valor[7], caso seja um ambiente com possibilidades de ações futuras para o desenvolvimento de novos produtos turísticos.

Neste sentido, pode-se dizer que o poder público enfrentará sérios problemas para minimizar as incoerências que existem entre as mobilidades externa e interna no centro da cidade, onde se localiza o sítio histórico. A externa favorece o desvio do fluxo turístico para o litoral, onde se localiza uma das praias mais importantes do Estado do Espírito Santo: o balneário de Guriri, que é considerado o segundo mais freqüentado de todo o litoral estadual (Jornal *A Gazeta*, 23/5/2000, Caderno Especial).

[7] É área com potencialidades especiais, que se reserva para a formatação de novos produtos turísticos no futuro, quando a cidade perceber que há necessidade de diversificar a oferta.

Tal fato se deve às boas condições de tráfego da rodovia ES 423, que liga o balneário ao centro de São Mateus, em um percurso, conforme dito anteriormente, de aproximadamente 13 quilômetros. Em contrapartida, a acessibilidade interna do centro é dificultada por alguns fatores de caráter estrutural, dentre os quais se podem destacar: mau planejamento do traçado das ruas, degradação da paisagem urbana, pouca preocupação com a ordenação territorial do centro turístico, inexistência de sinalização turística e pouquíssimas áreas seguras para estacionamento, entre muitos outros.

Com o exposto, cabe aqui questionar se a cidade está realmente preparada para receber turistas e promover o convívio de usos do espaço tanto pelos visitantes, quanto pelos moradores. Questiona-se ainda se o modelo de refuncionalização que se está processando pode ser considerado o mais adequado, pois cada vez mais a população pobre é excluída do processo, migrando para áreas distantes do movimento turístico, que na voz dos gestores será incentivado inclusive em nome do desenvolvimento e da justiça social.

PORTO DE SÃO MATEUS – CONSERVAÇÃO AMBIENTAL E PATRIMONIAL DE UM SÍTIO HISTÓRICO

Um dos grandes problemas da produção geográfica brasileira acerca do uso turístico das cidades que possuem potencial e/ou produtos formatados para o turismo em áreas de patrimônio arquitetônico protegido é a carência de referenciais metodológicos. Embora já existam estudos publicados, estes deram, em sua maioria, uma grande ênfase aos resultados e mesmo à caracterização do patrimônio, de forma que o caminho trilhado para se chegar às conclusões, em raros casos, foi detalhadamente descrito[8].

De início, como em qualquer trabalho científico, partiu-se para a coleta de dados bibliográficos e levantamento de documentos que de alguma forma subsidiassem a redação e as conclusões. Como se trata de uma cidade relativamente pouco estudada pelos seguimentos acadêmicos que possuem interfaces com o turismo, observou-se de início uma grande carência de pesquisas que possibilitassem uma abordagem mais adequada da questão em análise.

---

[8] Tal fato dificultou a abordagem por parte da equipe que desenvolveu o presente estudo, considerando que na ausência de referenciais, os procedimentos se tornam, por vezes, experimentais. Para registrar então alguma contribuição metodológica para futuras investigações, neste trabalho, procurou-se caracterizar os procedimentos e registrar os principais pressupostos que regeram o levantamento dos dados.

Desprezaram-se propositadamente as fontes que não têm compromisso acadêmico, como dados da Internet, panfletos, livros de divulgação de cunho jornalístico e mesmo as reportagens de jornais e revistas que não apresentavam dados confiáveis. Os poucos livros existentes são de caráter genérico, preocupados muito mais em vender uma imagem positiva da localidade, que propriamente estudá-la a fundo. De importante contribuição figuraram algumas publicações de historiadores como: NOVAES (1969), NARDOTO e LIMA (1999) e SANTANA, OZÓRIO e BRAVIN (1999), que foram realmente as fontes mais consistentes para a fundamentação teórica da presente pesquisa.

Os geógrafos do Estado também se ausentaram da produção de estudos, de forma que este é o primeiro trabalho feito sobre o assunto. O que se pôde encontrar foram citações sobre o município e suas potencialidades em publicações de características distintas, mas nenhuma específica sobre São Mateus e sua ordenação e dinâmica turística. O município conta com algumas instituições de ensino superior, mas, pelo fato de ainda serem muito recentes, não chegaram a produzir dados sobre o local.

Do ponto de vista cartográfico, foram poucos os mapas que atenderam aos interesses dessa investigação, de modo que coube à equipe que colaborou com a elaboração deste trabalho cumprir com o papel pioneiro de produzir os primeiros mapas do setor central, enfocando seu uso turístico. Um dos mapas utilizados foi fornecido pelo Instituto Brasileiro de Geografia e Estatística (IBGE), porém em escala inadequada para o trabalho que se desejava realizar (1: 250.000). No entanto, essa carta foi relevante na medida em que permitiu determinadas correções nos demais documentos: escala, orientação, coordenadas, entre outras.

Como ponto de partida, em função de seu maior nível de detalhamento, utilizou-se um mapa publicado pelos lojistas da cidade, que não tinha o rigor técnico exigido para um estudo de maior profundidade. Assim, os dois primeiros passos foram: o resgate das publicações existentes e a correção da carta-base.

Nos órgãos públicos, como o arquivo da Prefeitura Municipal de São Mateus, Câmara de Vereadores e Secretaria Municipal de Turismo, foram colhidos alguns documentos que viabilizaram o resgate das ações públicas com o intuito de estruturar o território para o desenvolvimento do turismo e a conservação do patrimônio existente. Até os dias atuais, não foi realizado nenhum estudo mais detalhado sobre o perfil dos visitantes. Nem mesmo nos locais indicados para informação turística (que também são raros) existe estrutura para colher dados dessa natureza.

De posse desses conhecimentos, em parceria com os alunos da cadeira de Cartografia Geral do curso de Geografia da Unilinhares, pôde-se elaborar uma agenda de atividades que possibilitaram a coleta e o tratamento de informações referentes ao ordenamento territorial do sítio histórico. Foram montados cinco grupos de investigação, cada um responsável pela pesquisa de uma das variáveis utilizadas para a caracterização da dinâmica de uso e evolução do espaço turístico. À medida que os dados eram levantados, o mapa original era corrigido, atualizado e preparado para a arte-final.

O primeiro grupo[9] dedicou-se à análise da organização e distribuição dos atrativos patrimoniais pela área analisada, bem como pela delimitação do sítio histórico a partir não só dos documentos oficiais, mas sobretudo do uso que se faz do território. Foram considerados fatores como locais de mobilidade, locais de visitação, localização do setor terciário turístico e caracterização das condições de conservação da arquitetura.

Esse trabalho inicial destinou-se, sobretudo, à demarcação da área de ação dos demais grupos (mapa), pois somente a partir da definição do setor pesquisado é que se puderam implementar novos procedimentos. Para melhor estruturar as ações de cada grupo, dois roteiros foram definidos. Ambos têm a rodovia federal BR 101 como eixo principal de ligação. Essa rodovia atravessa a sede municipal no sentido noroeste–sudeste e a partir de dois entroncamentos de entrada permite acesso ao sítio histórico, conforme demonstrado no mapa temático (Figura 6.1). Trata-se de uma rodovia ampla, de fácil circulação, mas carente de sinalização turística adequada.

As placas e as indicações muito mais conduzem os visitantes para a praia de Guriri que para o centro histórico, o que indica um estágio ainda pouco amadurecido do marketing turístico do Porto.

O primeiro trajeto corresponde ao percurso feito pelos turistas que chegam a São Mateus, vindos dos municípios do sul, inclusive da capital, Vitória, do Estado de Minas Gerais, do Distrito Federal e das demais unidades federativas do Centro-Sul brasileiro. Conforme se pode observar no mapa temático, constitui o percurso formado pelas ruas 13 de Maio, Av. Raimundo Guilherme Sobrinho, Av. João XXIII, Rua Mesquita Neto e por fim a Comendador Fernando Farias, chegando às ladeiras que dão acesso ao Porto.

O segundo percurso, feito pelos turistas que vêm do norte, Estado da Bahia e demais Estados do Nordeste brasileiro, é formado pela Av. João XXIII, Rua Mesquita Neto e Comendador Fernando Farias, chegando às ladeiras que dão acesso ao Porto. Esse percurso, embora mais longo, é o preferido em função da maior concentração de atrativos periféricos ao Porto e das melhores condições de tráfego.

---

[9] Componentes: Nilza V. Santos, Berenice R. Duarte, Maria das Graças Souza, Ingrid Moraes, Maria Luíza Assunção, Rosângela S. Gava, Maria das Graças Gava, Andréia Moreira, Adélia Ferraço, Ivone N. Silva e Wanderléia Passos.

FIGURA 6.1 – *Mapa do Sítio Histórico Porto de São Mateus*[15]

Aspectos Turísticos – Transportes – Bares e Restaurantes – Meio Ambiente – Patrimônio Histórico – Hospedagens

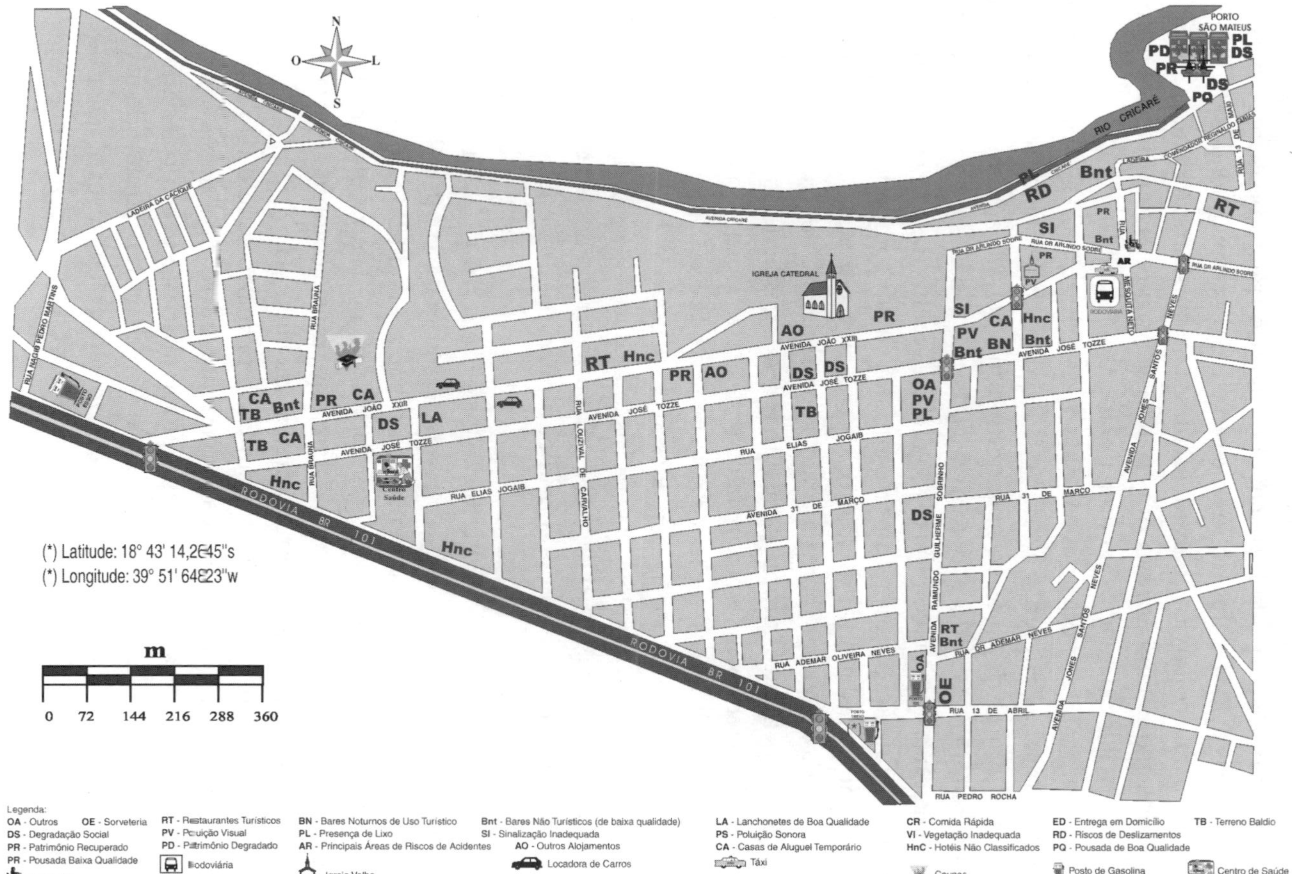

[15] Arte-final: Dirley Guimarães.

Ao longo do primeiro percurso, pode-se observar a inexistência de edificações de interesse de tombamento, por se tratar de uma área relativamente nova e de caráter essencialmente residencial. É evidente que um guia de turismo bem treinado pode fornecer ao longo do trajeto boas informações acerca de famílias importantes do município e de algumas unidades de serviços relevantes para a coletividade residente. Essa mesma característica se aplica às ruas próximas, que também são pouco atrativas para o uso turístico em função da quase total inexistência de equipamentos.

Conforme se pôde observar no mapa (Figura 6.1), as áreas de interesse estão situadas bem junto ao Porto e ao centro administrativo do distrito-sede, criando um enclave de equipamentos que podem ser considerados como o sítio histórico, ficando as demais áreas como espaços de deslocamento e apoio operacional. Assim, com base nas análises realizadas em campo, pôde-se propor a definição de um perímetro turístico a ser tombado pelo poder público maior que o atual setor do Porto, abrangendo também as imediações da Catedral e toda a área que cerca a praça central da cidade.

Nesse perímetro proposto, algumas ações em benefício da aparência e ordenação arquitetônica se fazem necessárias. Isto porque os trajetos devem, por motivos operacionais, ser feitos pelo centro e Porto com o acompanhamento de guias e unicamente por caminhadas. Tal sugestão se baseia na inadequação das antigas ruas para o tráfego de veículos longos, como os ônibus, e para se evitar o maior congestionamento das vias, que também são de uso da população.

O comércio existente no primeiro percurso evidencia muito bem esse caráter familiar, que se destina basicamente ao atendimento das necessidades dos moradores. O setor de alimentação e lazer noturno[10] é o único que indica uma maior concentração de equipamentos, embora não se possa dizer que os bares e restaurantes atendam à demanda turística. Trata-se de um setor dinamizado por outras atividades e o turismo pode até, no futuro, tirar melhor proveito. Vale aqui chamar a atenção para esse fato, pois é comum associar restaurantes a turismo, sem antes fazer uma análise da clientela.

Assim como bares e restaurantes, o primeiro trajeto não indica perspectivas de instalação de hotéis ou qualquer outro tipo de meios de hospedagem. Tampouco apresenta pressões territoriais que se poderiam caracterizar como áreas de degradação ambiental. Esse caráter familiar de uso do espaço mantém uma série de características de baixa tecnificação, que pode até mesmo ser alterada de acordo com o incentivo que a prefeitura der ao turismo.

[10] Aspectos analisados pelo grupo de trabalho composto por: Shirlane Z. Ferreira, Magda T. B. Vieira, Cleidimar Cássio do Carmo, Arlene A. M. Ruy, Ana Paula A. de Lima, Jane dos Santos Santos, Marcia da C. Stein, Maria da Penha dos S. Lemos, Ednilza S. Marassoni e Alba V. Scarpat.

Se seu uso vier a se intensificar no futuro, há ainda bastante tempo para se tomar os devidos cuidados a fim de que os turistas possam desfrutar de um trajeto agradável e a população local manter a qualidade ambiental existente, ou mesmo buscar melhorias.

Por outro lado, as principais intervenções ocorreram no setor compreendido entre a rodovia BR101 e o centro histórico, que tem o segundo percurso como principal forma de acesso. O mapa temático indica que tanto a população quanto os turistas têm utilizado mais essa via, tanto por ser um setor mais comercial, quanto por se tratar de um acesso mais amplo e de melhores condições de tráfego. As análises feitas em campo permitiram o diagnóstico de diversos problemas ambientais decorrentes da forma de uso do espaço, que necessita de intervenções urgentes para se evitar problemas futuros de difícil resolução.

De início, trata-se de um percurso de tráfego mais fácil, porém com problemas diversos[11], tais como: carência de pontos de táxi (só há um próximo à rodoviária); poucas áreas seguras para estacionamento, tanto de carros de passeio, quanto de ônibus de turismo; sinalização turística inexistente, entroncamentos de ruas e avenidas com visibilidade dificultada pelas construções e forte pressão territorial na área central, que decorre, inclusive, da maior concentração de serviços turísticos. A acessibilidade tem sido cada dia mais dificultada, tanto pelo aumento dos automóveis (crescimento da população), quanto pelos entraves que estes provocam em momentos de maior movimento, principalmente em dias chuvosos.

O tráfego de veículos pesados também pode ser apontado como um elemento dificultador do trânsito local, assim como a poluição sonora gerada por carros de empresas de propaganda, que se proliferam no centro de São Mateus. Vale aqui lembrar que as construções mais antigas não suportam a trepidação provocada pelo trânsito, de forma que, quanto menos veículos houver na área do Porto, melhor será a conservação do casario. Portanto, o acesso ao sítio histórico exigiria trajetos feitos a pé, tanto para facilitar a entrada e a saída do local, quanto para minimizar os entraves de circulação de veículos nas proximidades

Ainda ao longo desse segundo trajeto, pode-se dizer que há uma certa distribuição homogênea das possibilidades de hospedagem. Nesse caso, são dois os pontos de maior concentração: o centro da cidade e o entroncamento da rodovia com a Avenida João XXIII. No entanto, ressalta-se que nenhum

---

[11] Aspectos analisados pelo grupo de trabalho composto por: Dirlei P. B. Guimarães, Caroline V. de Souza, Wilker G. Drago, Maria Regina T. Favaro, Alessandra Giacomin, Kátia A. B. Morozeni, Diego V. Moreira, Maria de Lourdes S. Carvalho, Clecilda C. de Almeida e Maria Aparecida B. Rui.

dos equipamentos de hospedagem – pousadas, hotéis, casa de aluguel temporário, ou qualquer outro – apresenta a qualidade desejável em seus serviços[12]. Todos, em algum aspecto, necessitam passar por melhorias, reformas, ou ainda por treinamento de mão-de-obra, pois, como o setor turístico está cada dia mais competitivo, esses meios de hospedagem não têm cumprido com seu papel a contento.

No caso de São Mateus, um fator agravante exige ainda mais atenção: pelo fato de a rede de hospedagem de Guriri ser infinitamente melhor e mais diversificada, entre outros, os visitantes preferem dirigir-se diretamente para o litoral.

Refletindo desse ponto de vista, questiona-se inclusive a viabilidade de o turismo ser praticado no centro envolvendo hospedagem. Este pode ser um passeio feito opcionalmente, o que não geraria pressões territoriais muito fortes, considerando que os principais atrativos municipais estão junto à praia. Os benefícios do turismo se manteriam no município e os residentes e trabalhadores do setor central não teriam de sofrer com o aumento do uso das ruas e avenidas, que exigirão cuidados maiores ainda se os turistas passarem a se hospedar no centro.

Nesse caso, o centro seria uma opção de visita devido ao seu grande potencial e a uma notória fragilidade em sua estrutura de oferta. Se para alguns locais essa situação pode ser desfavorável (destinos de circuitos opcionais), para o centro de São Mateus parece ser uma boa solução, pelo menos para esse momento.

Isto posto, verifica-se que existem em São Mateus dois pontos de maior uso turístico e, por conseqüência, de maior pressão territorial. Os dois situam-se no segundo trajeto, que apresentou também os maiores e principais problemas ambientais[13].

O primeiro, na realidade, com poucos problemas a serem solucionados, se situa junto ao entroncamento da rodovia com a Av. João XXIII. Trata-se de um local de uso em fase de ampliação, mas que não tem ainda um caráter de forte degradação. Aí, nesses primeiros 500 metros da Av. João XXIII se pode operar uma série de interferências capazes de evitar as agressões ambientais mais comuns de localidades turísticas, tais como os esgotos abertos, lixo, poluição visual, exclusão social, entre outros, que já acontecem em larga medida na área circundante ao Porto de São Mateus.

---

[12] Aspectos analisados pelo grupo de trabalho composto por: Andreza M. Geraldino, Maria da Glória Nascimento, Cristiana F. da Silva, Luciene S. Nascimento, Regiane A. Suave, Regina J. Rodrigues, Elismar V. Lopes, Fabíola F. Soneguetti, Fábio R. Nunes e Bartira O. Moro.

[13] Aspectos analisados pelo Grupo de Análises Ambientais composto por: Ruthiléia S. Farias, Maria Vieira, Maria Conceição Vasconcelos, Maria Luiza Miranda, Deusdedites S. Lima, Tereza D. Santos, Rosa Margareth F. Monteiro, Cristina F. Pajehu e Fabrícia D. A. Vieira.

Esse segundo setor concentra não só os atrativos principais, como também os elementos capazes de repulsar os visitantes. Muitos monumentos estão sendo degradados e até mesmo agredidos por construções mais modernas, como por exemplo a Igreja Velha, um dos principais cartões-postais do município, cuja arquitetura foi fortemente desvalorizada em virtude da instalação de um galpão, pintado com cores berrantes, que furta do turista o olhar dirigido ao monumento protegido.

Esse é um exemplo da falta de zelo com o patrimônio turístico e com a memória arquitetônica. Tal construção, além de inadequada do ponto de vista paisagístico, retirou da população a oportunidade de ter hoje, no centro da cidade, uma área para recreação, junto a um dos pontos de melhor visualização de belíssimos meandros do rio Cricaré, onde o porto foi construído.

Ainda nessas mesmas imediações, pode-se observar uma grande quantidade de vivendas de população de baixa renda, que passou a ocupar os arredores do Porto quando este se desvalorizou. São casas derivadas dos tradicionais processos de autoconstrução, em que os materiais e a imprudência no uso dos terrenos evidenciam o descaso histórico do poder público por esse setor da cidade.

Conforme afirmado anteriormente, na medida em que a oferta turística vai pouco a pouco se estruturando, a população pobre vai sendo deslocada para fora do sítio do Porto. Isso mostra que os atores sociais que vão futuramente lucrar com o turismo já estão eleitos e, mais uma vez, o residente é segregado do processo. Como sugestão, pode-se pensar em conceder uma das antigas unidades do Porto para que os antigos moradores possam fundar uma empresa, como uma loja de artigos típicos, por exemplo, e poder desfrutar dos benefícios que o turismo possa vir a trazer.

Destaca-se um outro fato importante: o Porto de São Mateus foi construído exatamente na área de contato entre os tabuleiros terciários e a planície de inundação do rio. Os 32 casarões tombados na década de 1970 pelo Conselho Estadual de Cultura (*Guia Turístico Espírito Santo*, 1997: 72), imponentemente dispostos na parte baixa, contrastam com a grande diversidade de formas arquitetônicas da parte mais elevada[14], causando um certo desconforto visual, que deveria ter sido evitado pelo poder municipal por meio de regulamentações mais adequadas.

Mas o problema da paisagem não se restringe ao Porto. Em diversos lugares, tanto no primeiro, quanto no segundo percurso, podem-se encontrar áreas de baixa qualidade visual. Tais características decorrem ora da falta de informação da população sobre a necessidade de cuidados estéticos em localidades de uso turístico, ora pelo descuido com a qualidade ambiental urbana.

---

[14] O topo do tabuleiro situa-se a proximadamente 30 metros do nível local do rio.

A poluição visual também é constante nessa área. Existe um total despreparo dos comerciantes e profissionais de propaganda, que chegam a sobrepor placas. O uso de recursos de divulgação inadequados para um lugar desse potencial pode desfavorecer a sensação de prazer proporcionada pela paisagem. As placas, os letreiros e os outdoors concorrem entre si com cores e tamanhos que, em determinados locais, constituem verdadeiros exageros.

As conseqüências disso tudo se materializam na paisagem, nas construções e nos desacordos arquitetônicos observados em campo. Urge, portanto, a elaboração de um Plano de Uso do Solo Turístico, para que a população possa viver em um ambiente equilibrado, que seja oferecido a um público turístico que dali saia satisfeito.

Por fim, pode-se afirmar que as considerações feitas nesse trabalho, tanto em sua base teórica, quanto em sua análise empírica, tiveram a intenção de colaborar com o planejamento municipal, pois contêm dados que orientam os profissionais do turismo a uma postura de preocupação com a qualidade ambiental, ou seja, a um compromisso ético com o residente e com o divertimento seguro e agradável dos visitantes.

CONCLUSÕES

Com base nos levantamentos cartográficos, documentais e de campo realizados no município de São Mateus (ES) entre os meses de abril e agosto de 2000, pode-se observar que este é um espaço dotado com forte potencial para a prática do turismo, mas que ainda hoje necessita de uma série de intervenções para que possa assegurar a qualidade ambiental necessária para o bem-estar da população residente e para o desfrute dos visitantes.

Realizadas as discussões anteriores, pode-se concluir que:

1. Existe uma série de equívocos conceituais cometidos pelos pesquisadores do turismo, que necessitam ser revistos e inclusive alterados para que o setor possa se valer de um corpo vocabular mais adequado e coerente com as atuais tendências apontadas pelos estudiosos do assunto.
2. Em São Mateus, existem determinados elementos na paisagem urbana que realmente possuem potencial para a criação de produtos turísticos, principalmente para o que nesse trabalho se denominou turismo em áreas de patrimônio arquitetônico protegido.
3. Os remanescentes arquitetônicos do Porto de São Mateus e os edifícios antigos do centro da cidade necessitam de maiores cuidados para evitar sua degradação, tanto por parte do uso que atualmente se faz, quanto por parte do próprio crescimento urbano desordenado, que acarreta uma série de rupturas na paisagem, prejudicando seu potencial turístico.

4. O setor de alimentação e de lazer noturno ainda necessita passar por melhorias em sua estrutura de oferta, visto que em muitos estabelecimentos o atendimento ainda não apresenta o profissionalismo necessário para o sucesso de um núcleo receptor.
5. O setor hoteleiro não oferece condições adequadas de hospedagem para os visitantes, de modo que se torna necessário não só melhorar a oferta existente, mas sobretudo ampliá-la.
6. O trânsito ainda é um transtorno para moradores e visitantes. Com a intensificação do fluxo, certamente ele se agravará, causando ainda mais problemas para todos. Sugere-se uma reengenharia, pensando na ampliação da oferta de locais para estacionamento e implantação urgente de sinalização turística na cidade.
7. As ações públicas e empresariais que envolvem a reconstrução do porto e também a sua restauração têm gerado problemas sociais graves, principalmente no que se refere ao banimento da população mais pobre para áreas periféricas da cidade, agravando situações de exclusão social.
8. O grande problema do sítio histórico é a sua precária conservação ambiental. Torna-se necessário elaborar um cuidadoso plano de uso, para que as futuras intervenções possam ser orientadas a conservar os recursos ainda existentes, tendo em vista a melhoria da qualidade de vida, sobretudo dos residentes.

Bibliografia

BALLART, J., *El património histórico y arqueológico: valor y uso*. Madrid. Ariel, 1997.

CAMPESINO, Antonio Fernández. Las ciudades patrimonio de la humanidad: estrategias turísticas. In: MARCHENA, M.J.G. (Org.) *Turismo urbano y patrimonio cultural. Una perspectiva europea*. Sevilla, Diputación de Sevilla, 107-17, 1999.

IPHAN – INSTITUTO DO PATRIMÔNIO HISTÓRICO E ARTÍSTICO NACIONAL. Arte e cultura popular. In: *Revista do Patrimônio Histórico e Artístico Nacional*. Brasília, nº 28, 1999.

MONTANER, J.M.; ANTICH, J.C.; ARCARONS, R.S. *Dicionário de turismo*. Madrid, Sintesis, 1998.

MORAES, C. *Geografia do Espírito Santo*. Vitória, Fundação Cultural do Espírito Santo, 1974.

NARDOTO, E.; LIMA, H. *História de São Mateus*. São Mateus, Atlântica, 1999.

NEVES, L.G.S. et al. *História, geografia, organização social e política do município de anchieta*. Vitória, Brasília, 1995.

NOVAES, M.S. de. *História do Espírito Santo*. Vitória, Fundação Educacional do Espírito Santo, 1969.

RODRIGUES, A.A.B. *Turismo e espaço rumo a um conhecimento transdisciplinar*. São Paulo, Hucitec, 1997.

SANTANA, L. de A.; OZÓRIO, C.; BRAVIN, A. *Negros do Espírito Santo*. São Paulo, Escritura, 1999.

SANTOS, M. *Espaço e método*. 4. ed. São Paulo, Nobel, 1997.

________. *Técnica, espaço, tempo. Globalização e período técnico-científico e informacional*. São Paulo, Hucitec, 1994.

________. *A natureza do espaço. Técnica e tempo. Razão e emoção.* São Paulo, Hucitec, 1996.

________. Modo de produção técnico-científico e diferenciação espacial. In: *Lecturas Geográficas.* Madrid, Editorial Complutense, v. II, 1537-52, 2000.

SANTOS NEVES, L.G.; PACHECO, R.; BRAVIN, A. *Praias capixabas. Guia Completo das 92 Praias Capixabas.* Vitória, Urbana, 1996.

SESC/SENAC – SERVIÇO SOCIAL DO COMÉRCIO/SERVIÇO NACIONAL DE APRENDIZAGEM COMERCIAL. *Guia turístico do Espírito Santo.* Vitória, SESC/SENAC, 1997.

TROTIÑO, M.A. *Valorización del património cultural.* Albacete, Jornada Cultura y Desarrollo Loca, 1997 (Mimeogr.).

________. *Territorio: paisagem y desarrollo local.* La Manchuela: Curso "Lo posible para un espacio sentido". 2000 (Mimeogr.).

________. Turismo y desarrollo sustenible en las ciudades históricas com patrimonio arquitetónico-monumental. *Revista Estudios Turísticos,* Madrid, nº 137, 5-53, 1998.

YÁZIGI, E.; CARLOS, A.F.A.; CRUZ, R. de C.A. (Orgs.). *Turismo, espaço, paisagem e cultura.* São Paulo, Hucitec, 1996.

Base Cartográfica

INSTITUTO BRASILEIRO DE GEOGRAFIA E ESTATÍSTICA. *Carta de São Mateus.* Escala 1:250.000, Rio de Janeiro, IBGE, 1982.

Mapa publicado pelos lojistas de São Mateus, ES, escala aproximada de 1: 20.000, 1999.

capítulo 7

A Inserção Territorial da Feira Internacional de Turismo na Cidade de Madrid[1]

Nos dias atuais, o *turismo de feiras e negócios* se concretiza como um dos setores produtivos mais importantes para os principais centros metropolitanos do mundo. Desde a década de 1950, essa atividade vem logrando sucesso, sendo agora objeto de planejamento e de investimento de empresas e do poder público em inúmeros países.

De modo geral, o turismo urbano, melhor dizendo, em espaço urbano, caracteriza-se por um conjunto técnico bastante denso e por uma prática fundamentada em recursos do meio citadino, embora possa assumir feições bastante diversificadas. Dado os avanços técnico-científicos da atualidade, em grandes metrópoles a clientela do setor

[1] Artigo produzido sob a orientação da Prof. Dra. Florencia Torrego, responsável pela disciplina Turismo Urbano e Metropolitano, no Departamento de Geografia Humana da Universidade Complutense de Madrid.

pode ter acesso a oportunidades de entretenimento, que vão desde a contemplação de ambientes conservados até o turismo de alta tecnificação, como ocorre em cidades como Las Vegas, considerada um oásis de tecnologia encravado em pleno deserto de Nevada (EUA).

Podem ainda desfrutar das ofertas tradicionais de museus, festas, jogos, festivais e todas as demais possibilidades repletas de espetacularidade que o meio urbano oferece. Porém, como toda atividade de consumo, o turismo é bastante seletivo e segregador, na medida em que oferece a oportunidade de inclusão e exclusão de lugares, de empresas e de pessoas. É um setor altamente competitivo, complexo em seus aspectos operacionais e disputado por distintos setores da produção econômica.

Do ponto de vista geográfico, produz e reproduz espaços, constrói e reconstrói (e inclusive destrói) identidades, materializa e desmaterializa formas e muda, por vezes bruscamente, as funções de determinados espaços. Projeta-se territorialmente das mais distintas formas e, por conseqüência de tudo isso, é cada vez maior o número de pesquisadores do assunto.

Via de regra, as pesquisas geográficas são direcionadas para análises de caráter questionador, mesmo que com distintas tendências teórico-metodológicas. Abordam assuntos variados a partir de pontos de vista também heterogêneos. Isso resulta em uma produção cada vez maior, com grande quantidade de estudos de casos e com inserções pluridisciplinares valiosas para o avanço da própria identidade da pesquisa socioespacial.

Porém, algumas categorias de práticas turísticas permanecem à margem dos estudos da Geografia, como é o caso do turismo de negócios e eventos. Na realidade, por se tratar de um assunto pouco difundido entre os pesquisadores da disciplina, essa modalidade cresce a olhos vistos e ao mesmo tempo é pouco observada em seus aspectos socioespaciais, ou seja, projeta-se sobre o meio urbano, interfere na vida e nos lugares da cidade, no cotidiano de seus habitantes e pouco se estuda sobre isso.

Alguns pesquisadores, como a Dra. Florencia Torrego[2], por exemplo, têm tentado desenvolver algumas idéias a respeito dessa modalidade de turismo, que não é exatamente uma prática recreativa, mas permanece sendo turística, na medida em que cumpre com os critérios estabelecidos pela Organização Mundial do Turismo:

> *"El turismo comprende las actividades que realizan las personas durante sus viajes y estancias en lugares distintos a su entorno habitual, por un período de tiempo consecutivo inferior a um año, con fins de ócio, por negócios e otros."*
>
> *SANCHO (OMT, 1998: 9)*

Assim, as viagens de negócios se enquadram nessa definição proposta inicialmente em 1937 e aprimorada, posteriormente, por outras instituições e publicações. Como categoria de turismo, o setor de feiras e negócios dinamiza uma infinidade de recursos turísticos que vão desde a ocupação hoteleira ao uso dos serviços de transportes, de segurança, de alimentação, de câmbio de moedas, e outros, além de movimentar o comércio urbano e proporcionar a possibilidade de incremento de algumas atividades produtivas nas localidades onde se processa.

Gera impactos positivos e negativos. Positivos, na medida em que possibilita a ocupação de mão-de-obra ociosa, mesmo que por pouco tempo, contratação de empresas locais, durante os eventos, divulgação da imagem turística da cidade sede do certame, uso dos recursos turísticos locais, geração de impostos, entre outros exemplos. Por outro lado, a preparação e a execução do evento provoca um crescimento na pressão territorial, por meio do aumento do consumo de água, destinação do lixo, redes de esgoto, congestionamentos nos serviços públicos e privados de telefonia e transportes, entre outros.

Em algumas situações, os impactos negativos podem ser bastante graves, como ocorre com alguns eventos em cidades turísticas do mundo periférico em que a presença de visitantes amplia a exploração de prostitutas e garotos de programa, muitas vezes de idades inferiores aos 15 anos, a sonegação fiscal, além de uma maior circulação de drogas e artigos de contrabando.

Um ponto fundamental nesse sentido diz respeito às políticas públicas e empresariais de planejamento e à inserção das cidades nos mercados nacional e internacional de feiras, para que se percebam essas possibilidades de impactos socioambientais indesejáveis e, a partir daí, se estabeleçam metas de ação para que a relação *custo-benefício* seja positiva para a população citadina como um todo, e não somente para as empresas que tiram proveito das feiras e demais categorias de certames.

Para melhor explicar esse ponto de vista, neste trabalho, estudou-se um caso específico: a Feira Internacional de Turismo – FITUR – realizada anualmente no mês de janeiro, no *Parque Ferial Juan Carlos I*, em Madrid, buscando compreender a sua inserção territorial urbana. Para tanto, realizou-se, do ponto de vista metodológico, uma pesquisa bibliográfica a respeito dessa temática e durante a 20ª edição da feira, realizada na última semana de janeiro de 2000, entrevistaram-se alguns expositores para melhor se compreender o papel da feira na dinamização econômico-territorial da capital espanhola.

A idéia é buscar elementos que evidenciem a capacidade competitiva de Madrid em relação a outras grandes cidades, pois a presença maciça de empresas e representações nacionais e de todas as províncias espanholas demonstra que a cidade oferece determinadas condições que favorecem o investimento em imagem no mercado europeu, a partir de Madrid. Deu-se preferência nas entrevistas (realizadas muito informalmente) às representações internacionais e de capitais de províncias espanholas. Passa-se então às discussões realizadas.

O TURISMO DE FEIRAS E NEGÓCIOS E SUAS REPRESENTAÇÕES SOCIOESPACIAIS

Segundo SARMIENTO (1995: 191), a origem das feiras se perde ao longo da história, pois a humanidade sempre teve a necessidade de intercambiar produtos e serviços. Para esse autor, as feiras representam contatos organizados propositadamente entre a oferta e a demanda. Lembrou ainda do papel socializador e fiscal das feiras ao longo do tempo, mencionando um fato importante: para que estas tivessem sucesso e os resultados fossem positivos, foi necessário criar uma estrutura espacial, como por exemplo, organizá-las em entroncamentos de vias comerciais importantes. Tiveram, de acordo com a região em que se realizavam, êxito até meados do século XV, sobretudo na França, onde eram programadas de forma mais estruturada.

Foram também importantes durante o período de consolidação do *Mercantilismo* em algumas cidades européias. Vale destacar o fato de que, embora fossem (via de regra) montadas junto a cidades, as feiras permitiam um grande intercâmbio entre a produção do campo e dos centros urbanos, além de incentivar a comercialização de produtos de origem externa, muitas vezes trazidos de terras longínquas.

SARMIENTO (1995: 193) afirmou ainda que, com o passar do tempo, as feiras mais importantes iam sofrendo uma mudança gradativa e fundamental, que lhes deu boa parte da roupagem que possuem na atualidade. Trata-se da chamada *contratação* tanto de bens, quanto de serviços, que pressupõe uma apresentação da oferta e posterior operação de remessas mediante contratação. A feira de Leipzig (1894) foi a pioneira nessa modalidade, seguida pelas de Paris, Lyon, Milão e, na Espanha, a de Valência. Essas feiras, pelo autor chamadas de *feiras de mostras em geral*, se mantiveram fortes durante algum tempo, até que uma nova mudança ocorreu por volta dos anos 1950 e 1960:

> *"(...) el gran público puede conocer estas innovaciones por los medios de comunicación de massas (especialmente televisión) y las ferias se van 'desgajando' en 'ferias especializadas', como lugares de encuentro para profesionales de la oferta (expositores) y de la demanda (visitantes profesionales)."*
>
> *SARMIENTO (1995: 193)*

O autor menciona ainda uma diversificada variedade de feiras, classificadas segundo os critérios que se apresentam no quadro 7.1:

QUADRO 7.1 – *Tipologia e classificação das feiras segundo Sarmiento (1995: 192-4)*[2]

Tipologia de classificação	Subtipos	Características
Venda e entrega (ou não) dos bens expostos	Feiras de mercadorias	São as feiras em que a entrega das mercadorias ou prestação dos serviços contratados ocorre no ato da negociação. São as mais tradicionais e em geral se destinam ao grande público.
	Feira de exposição	É a grande tendência das feiras da atualidade, geralmente destinadas a empresas ou profissionais. As mercadorias e/ou bens contratados são remetidos ou prestados em momentos posteriores.
Cadência de celebração	Periódicas	São realizadas em períodos predeterminados, podendo ou não ser montadas em um mesmo lugar.
	Ocasionais	São realizadas em momentos específicos de forma que não se repetem. É o caso das exposições, por exemplo. Sua realização atende a interesses momentâneos ou específicos da demanda que as dinamiza.
Grau de especialização	Genéricas	São feiras que permitem o acesso a bens e serviços diversos, de procedência e de natureza variada.
	Especializadas	São feiras que se caracterizam pela oferta de um só setor produtivo.
Tipo de bens e/ou serviços expostos	Bens de consumo Bens de capital ou de investimentos	Embora a divisão dos bens em dois blocos pareça lógica, o autor deixa uma lacuna teórica, que diz respeito aos serviços, pois cresce o número de feiras que se especializam em oferecê-los, como os do setor turístico, por exemplo.
Segundo o tipo de visitante	Público genérico	São feiras que se destinam a divulgar bens e produtos de interesse socialmente amplo, como por exemplo as de livros, as de artigos de informática para a casa e o escritório, entre outras.
	Público profissional	Destinam-se a um tipo específico de público, como por exemplo as feiras médicas, as do setor petroquímico, as de tecnologia industrial, entre outros exemplos.
Segundo a origem de expositores e visitantes	Locais Estaduais/ provinciais Regionais Nacionais Internacionais	Dizem respeito à abrangência da feira, que pode abarcar tanto profissionais e/ou consumidores do lugar, como de outros países. Cada uma, a seu modo, atende a interesses diversos e dinamiza negócios em escalas distintas de acordo com os propósitos para os quais são organizadas.

Restou ao autor dedicar algumas reflexões a uma sétima categoria, que diz respeito ao espaço, pois as feiras também podem ser classificadas em urbanas, rurais e virtuais (ciberespaço).

[2] Inclui-se, aqui, reflexões propostas pelo autor desse artigo.

Como se viu, esse quadro permite uma compreensão mais clara dos propósitos das feiras da atualidade. A questão que aqui se discute diz respeito à sétima categoria, incluída às reflexões de Sarmiento, pois trata do lugar de realização. De acordo com os propósitos das feiras, pode-se dizer que o ambiente de realização assegura boa parte do sucesso dos empreendimentos. Via de regra, o meio urbano, mesmo que em cidades de porte médio, é o ambiente preferido pelos organizadores para a programação desses eventos, pois oferece maiores condições infra-estruturais, como sistemas de abastecimento básico, transportes, alojamento, telefonia, conexão a outros lugares via teleinformática, hospedagem, armazenagem, estacionamentos, segurança, cobertura da imprensa, atenção financeira dos bancos, casas de câmbio, entre outros exemplos.

Como se trata de eventos de curta duração (quatro dias e meio, em média, segundo SARMIENTO, 1995: 205), os expositores têm pouco tempo para divulgar seus produtos e serviços, de modo que não podem se permitir investir grandes somas financeiras em eventos mal localizados. Nesse sentido, o território, melhor dizendo, o conteúdo técnico que o caracteriza exerce um papel fundamental na decisão por parte dos expositores de levarem suas ofertas para esta ou aquela exposição.

Em geral, as cidades de maior densidade técnica apresentam boas condições de estrutura para a realização desses eventos, motivo pelo qual se percebe, na atualidade, um grande crescimento na oferta de recintos feriais (palácios de eventos, pavilhões de exposições e outros) e de entornos feriais (hotéis, restaurantes, táxis e outros) nas cidades de maior porte e inserção global. Nesse contexto, estas passam a trabalhar firmemente para oferecer suas instalações, gerando, assim, uma rede de ambientes altamente competitivos, em que a inserção urbana e a sua capacidade técnico-territorial definem a possibilidade de abrigar as principais feiras de negócios do mundo.

Atrelado a esses fatos, o turismo urbano é dinamizado na medida em que pessoas e empresas passam a se fazer presentes durante alguns dias em determinadas metrópoles.

No início dos anos 1990, BASELGA (1991: 315-8) apontava algumas das cidades mais importantes de cada país europeu para a realização de feiras internacionais. Esses dados são muito variáveis de ano para ano, e, passada uma década, pode-se dizer que hoje, mais que nunca, as grandes metrópoles estabeleceram forte competitividade, de forma que para os centros de menor projeção restam as feiras nacionais regionais e locais, ou, ainda, setoriais de menor envergadura.

As feiras setoriais podem ser organizadas ainda em localidades onde haja uma certa concentração empresarial do setor que divulga, como oportunidade de expor produtos que se encontram próximos da área de produção, fato que, em alguns casos, facilita a comercialização. Assim, a competitividade pode se estabelecer mesmo entre recintos feriais de menor projeção, pelas feiras declaradas *de pouco interesse* para os grandes centros.

Um dos estudos mais importantes a respeito da competitividade que as cidades estabelecem entre si para sediar as feiras, sobretudo internacionais, foi realizado por CUADRADO e RUBALCABA (1997: 153-73). Para esses autores:

> *"Si una ciudad consigue atraer hacia sí recursos que podrían ir a parar a otro lugar, es porque esa ciudad alberga algo diferente que no poseen otras; podría afirmarse que disfrutan de un factor de especialización. La competência puede ser activa (buscada) o pasiva (sin buscarse pero siempre existe, puesto que siempre hay elementos diferenciadores que destacan a sua ciudad sobre otra y la especializan en uno o varios aspectos. En cualquer caso, existe una relación estrecha entre el papel de una ciudad dentro de un sistema jierárquico y su grado y tipo de especialización."*

A concepção de *especialização* pode ser complexa, caso se comparem as afirmativas desses autores com as conclusões logradas por outros pesquisadores, diante da diversidade de sentidos que essa palavra pode assumir. Para o momento, deseja-se destacar que uma cidade pode-se tornar mais atrativa para a realização de feiras de acordo com o conjunto de elementos estruturais, territorialmente materializados, que oferece à demanda local e supralocal do setor.

Londres e Paris são as duas cidades européias mais importantes em relação à oferta anual de feiras internacionais. São seguidas por uma série de outras capitais e grandes centros metropolitanos, entre eles: Amsterdã, Berlim, Bruxelas, Düsseldorf, Frankfurt, Genebra, Hamburgo, entre outros. No contexto europeu, Madrid se encontra em posição intermediária, classificando-se como *cidade regional de forte projeção internacional* (CUADRADO e RUBALCABA, 1997: 156).

Porém, no caso específico das feiras destinadas ao setor turístico, Madrid ocupa uma posição bastante privilegiada, pois além de ser um centro metropolitano de alta atratividade turística internacional, com larga oferta estrutural, logrou grande experiência desde que, em 1981, realizou a primeira edição da Fitur – Feira Internacional de Turismo.

Mas não é somente a experiência ferial[3] que a torna atrativa para uma grande quantidade de expositores, pois o setor turístico regula-se de modo a alimentar e ser alimentado por esses tipos de eventos; ou seja, se em anos passados a Fitur divulgava a cidade de Madrid como um importante centro de recepção, atualmente são muitas as cidades que fazem uso da tradição da capital para alimentar seus fluxos internacionais, por meio da abertura de canais de divulgação nas ruas e praças mais tradicionais da metrópole madrilena, como por exemplo na *Plaza*

---

[3] Palavra de origem espanhola, sem tradução para o português, que se refere a eventos e feiras ou qualquer encontro comercial que envolva exposição de bens e/ou serviços.

de España e na *Calle Serrano*. Tal posição de referência se logrou ao longo dos anos, por uma oferta turística bastante agradável aos olhos dos visitantes, tornando a cidade um dos destinos mais importantes da Europa.

Madrid possui ainda uma estrutura operacional muito bem ordenada, que chega a incentivar a ampliação do número de departamentos de turismo nas embaixadas, além das representações nacionais de cunho não-governamental. Países como Itália, Portugal, Índia, Canadá, entre outros, inauguraram *oficinas de turismo* para divulgar os produtos de seus países em Madrid, tanto para o público espanhol, quanto para a grande quantidade de visitantes que passam anualmente pela cidade. A Espanha recebe, segundo dados fornecidos pelos órgãos de imprensa, um total de 60 milhões de turista/ano (aumentando gradativamente).

Esse interesse em instalar *oficinas* de representação do setor turístico em Madrid não ocorre somente com os governos de muitos países. O próprio empresariado se encarrega de divulgar suas ofertas. No caso do Brasil, além das informações turísticas que se podem adquirir na embaixada, podem-se encontrar representações das operadoras mais importantes do país, além de algumas empresas de transporte aéreo, como por exemplo a *Varig* e a *TAM*. Esta última, mesmo não operando para Madrid, cuidou de fazer-se representar nessa metrópole.

Um fato a mais, de fundamental importância: a OMT – *Organização Mundial de Turismo* – situa-se em Madrid desde janeiro de 1976, quando o governo espanhol ofereceu as condições para a instalação definitiva da sua sede. Trata-se de um organismo intergovernamental, reconhecido e associado à ONU – *Organização das Nações Unidas* – desde a realização de sua primeira reunião geral na capital espanhola (OMT, 1998: memorial).

Dessa forma, a metrópole passou a ser conhecida internacionalmente como *Capital Mundial do Turismo*, mesmo não tendo fluxos superiores aos de outras capitais européias, como Paris, por exemplo. Como território de referência, Madrid exerce papel fundamental nos rumos do turismo mundial pelo fato de a OMT congregar atualmente 133 países, 5 territórios e 350 membros afiliados (turoperadoras, agências, companhias aéreas, 14 instituições de ensino e pesquisa, entre outros). É, antes de tudo, um centro de estudos e de decisões do setor turístico.

Ainda contribui para a grande capacidade competitiva de Madrid o fato de, na atualidade, a língua espanhola estar passando por um notável processo de expansão em todo o mundo, tornando-se aos poucos a segunda língua mais falada comercialmente no mundo, logo após o inglês. Expande-se inclusive no mundo oriental, enquanto no ocidente passa a ser a segunda língua obrigatória em diversos países, como no Brasil, por exemplo, que sozinho tem a quinta maior população do planeta.

Sua posição geográfica assume papel relevante na porção central da Península Ibérica, fato que possibilita boa acessibilidade desde os países americanos e africanos, além de manter vôos freqüentes com praticamente todas as capitais importantes do mundo. Essa acessibilidade foi um dos fatores considerados mais positivos pelos expositores brasileiros que estavam presentes na Fitur-2000.

Baseando-se nesses dados e nas argumentações sobre especialização ferial urbana proposta por CUADRADO e RUBALCABA (1997: 156), pode-se dizer que Madrid possui clara caracterização de seu papel diante do setor turístico, que a coloca entre as três cidades de maior importância para a realização de feiras de turismo, tendo como principais centros internacionais competidores as cidades de Berlim e de Milão. De menor potencial competitivo, mas também de grande importância, podem-se citar Lisboa, Londres, Amsterdã, Bruxelas e Barcelona, entre outras.

Nesse documento, além do setor turístico, Madrid mostrava-se como centro competitivo para o setor informacional, têxtil e de calçados, móveis, perfumaria, artesanato, bens de consumo e abastecimento comercial.

Por fim, pode-se dizer que um dos principais impulsos dados ao setor ferial em Madrid foi a construção de seu moderno recinto ferial, que tem servido de palco para a exposição dos mais variados serviços e produtos, possibilitando ainda que a capital espanhola adquira potencial competitivo em setores até então pouco explorados. Passamos então a discutir um pouco mais detidamente as inserções de uma de suas feiras mais famosas: a Internacional de Turismo.

OS RECINTOS FERIAIS E SUAS FUNÇÕES, CARACTERÍSTICAS E LÓGICAS

Conforme foi dito anteriormente, a produção turística pode ser bastante rentável para os grandes centros metropolitanos, motivo que tem gerado uma grande competitividade entre as cidades de maior importância em todo o mundo. Especificamente no caso espanhol, pode-se dizer que as principais capitais de província estão investindo firmemente em captação de recursos físicos e financeiros para o setor de feiras e congressos, dado o potencial de geração de renda desse setor.

A questão é que, em geral, um expositor ou congressista desloca-se para uma cidade com boa parte de seus gastos assegurados pelas empresas e instituições de origem, ou seja, na grande maioria dos casos, pelo menos a estadia e as passagens são abonadas, de modo que cada viajante se sente mais à vontade para gastar maior quantidade de dinheiro na cidade, dando vida à boa parte do *trade* turístico.

Assim, ante a necessidade de ampliar as condições de oferta de equipamentos e instalações para possuírem maior capacidade competitiva, as cidades interessadas no setor investem pesadamente em espaços criados especificamente pelo e para o turismo de negócios. Proliferam os recintos feriais, que concentram em determinadas zonas do perímetro urbano todos os mecanismos estruturais de apoio à realização de eventos de distintas envergaduras: hotéis, salões de conferências multilíngües, salas de treinamento, restaurantes, pavilhões de exposições, áreas para estacionamento, heliportos, postos policiais e médicos, área para recepções e festas, salas completas de informática, recintos *vips* e postos telefônicos, entre outros exemplos. Quanto melhor (em alguns casos, maior) for a oferta, mais competitivo será o recinto ferial.

Segundo SARMIENTO (1995: 199), existem atualmente na Espanha 17 recintos feriais de grande importância, que juntos compõem o complexo espacial de recintos regulados pela AFE – *Asociación de Ferias Españolas* –, que vem celebrando uma quantidade impressionante de eventos desde o início dos anos 1990.

Paralelamente, inúmeros hotéis e centros de convenções de menor porte e estrutura continuam realizando mostras e congressos destinados ao mesmo mercado, mas com dimensões mais modestas. Cobram valores bem menores, mas não possuem o caráter flexível dos recintos feriais de alta tecnificação, nem tampouco suas estruturas de apoio aos eventos.

Todavia, pode-se dizer que, ao mesmo tempo em que os novos recintos estruturam as cidades para o chamado turismo de negócios, ocupam espaços que, em alguns casos, se tornam ociosos pelo fato de não haver demanda suficiente para justificar investimentos tão altos, conforme também alertou SARMIENTO (1995: 201-2):

> *"Sin embargo en la mayoría de las Autonomías [Espanholas] se ha dado una creación indiscriminada de instalaciones feriales que, tarde o temprano, constryen su recinto. No existe demanda para esta exagerada oferta y los resultados son cansancio de los expositores (que a veces acuden por compromisos con las autoridades locales), ferias repetitivas de una ciudad a otra (copia), pérdida de calidad de las ferias, problemas económicos de las instituiciones, impossibilidad de dar una imagem coherente (...)"*

De uma certa forma, este pode ser apontado como um dos principais impactos das feiras: a possibilidade de o local se tornar um ambiente ocioso e de cara manutenção. Um outro que se pode apontar é que a grande maioria dos lugares de eventos, por concentrarem a oferta, concentram o uso e, evidentemente, concentram os impactos socioambientais. Um bom exemplo disso ocorre durante os dias de alta freqüência aos recintos feriais, em que as ruas se congestionam gerando poluição, ruído e engarrafamentos que molestam não só os visitantes, mas sobretudo os residentes de áreas circundantes, que são obrigados muitas vezes a suportar as pressões territoriais sempre que o recinto se encontra em uso.

Daí a necessidade de realizar um bom planejamento territorial da área de uso ferial, para que se possam evitar esses impactos, uma vez que eles podem ser considerados elementos negativos para os usuários dos referidos recintos feriais, como ocorreu com o trânsito, apontado como um dos problemas mais sérios por alguns expositores da Fitur-2000.

Vejamos alguns detalhes do recinto ferial de Madrid, que a esse trabalho interessa mais diretamente, por ser o que abriga anualmente a Fitur.

Afirmou TORREGO (1995: 720) que o Ifema – Parque Ferial *Juan Carlos I* – acha-se situado na porção nordeste da cidade, em uma localidade denominada *El Oliver de la Hinojosa*, considerada uma das zonas mais representativas da nova Madrid. Iniciou suas atividades em 1991, dando uso a uma área de um milhão de metros quadrados, dos quais 150 mil estão construídos e 100 mil estão ocupados por oito pavilhões de exposições que formam um conjunto compacto e de grande flexibilidade em sua utilização.

Conta com toda a estrutura necessária ao conforto dos expositores e à segurança de todos os usuários. São serviços e instalações minuciosamente ordenados de forma a assegurar a eficácia das feiras e exposições que abriga. No ano 2000, todos os oito pavilhões foram utilizados pela primeira vez pela Fitur, dividindo os expositores em setores e funções para facilitar a visitação.

Junto ao Ifema, situa-se o complexo *Campo de Las Naciones*, onde se podem encontrar o *Palácio Municipal de Congressos*, o *Centro Internacional de Negócios* e dois hotéis de alta categoria. Durante os dias de realização da Fitur, muitas das instalações, sobretudo dos hotéis, são utilizadas pelos expositores que optam pela comodidade das ofertas de preços e da proximidade.

Este é, em poucas palavras, o palco de realização da feira, que evidentemente não restringe o uso do espaço madrileno somente ao referido complexo. Bom exemplo disso é a grande procura por hotéis na zona que cerca a estação do metrô *Cuzco*, pois muitas delegações internacionais preferem se hospedar próximas à sede da OMT, a fim de aproveitar esses dias para realizar contatos e estabelecer parcerias.

Fato interessante ocorre com os contatos estabelecidos no recinto ferial que se transladam para outras áreas da cidade, pois é muito comum as representações convidarem as turoperadoras para encontros de negócios em restaurantes elegantes da capital, bem como para recepções nos hotéis onde se encontram hospedadas. É exatamente essa capacidade dinamizadora da Fitur que incentiva os hoteleiros e os proprietários de restaurantes a fecharem pacotes com muitas empresas e embaixadas, pois asseguram uma freqüência mais elitizada e de alto consumo durante alguns dias.

Partindo para um outro ângulo dessa análise, a cidade move-se perante outras interferências do grande fluxo de visitantes: criam-se novas linhas de transporte coletivo, as transportadoras privadas fecham contratos com os hotéis para transladar seus hóspedes, as companhias aéreas realizam promoções em seus estandes no aeroporto de *Barajas*, os principais jornais da cidade editam tiragens destinadas ao setor, os centros comerciais se inserem por meio de promoções, como foi o caso da loja de departamentos *El Corte Inglés*, que ocupou grande parte de um dos pavilhões com seu estande.

Aumenta também a encomenda de pequenos presentes, que são oferecidos aos visitantes e que, por trás da elegância de uma lembrança da Fitur, movimentam uma série de empresas como as fábricas de bolsas de papel e plástico, CD-ROMs, fitas de vídeo, coleções de diapositivos, broches, colares, chaveiros, camisetas, entre outros exemplos. Porém, inquestionavelmente, a indústria gráfica é a que mais possibilita rendimentos lucrativos, pois a produção de folders, cartazes, pôsteres, livros, livretos informativos, mapas e uma infinidade de outros impressos, como calendários, cartões de visita, entre outros, dinamiza não só as gráficas madrilenas, como também as de inúmeras outras capitais de províncias.

Um fato interessante é que a indústria gráfica madrilena é procurada inclusive por embaixadas e secretarias de turismo de cidades espanholas, pelo fato de o material distribuído ser a chave das promoções. Dessa forma, devem ter o máximo de qualidade visual, que muitas vezes não se consegue com pequenas gráficas de localidades menores. Já as embaixadas economizam com o transporte aéreo de material gráfico, que pode ser produzido em língua inglesa e espanhola, as mais importantes para o atual *trade* turístico local. Via de regra, as embaixadas contratam as empresas madrilenas, contratos podem ser feitos a partir das oficinas de turismo de cada país.

Como se viu, a estrutura empresarial movimentada para a realização da Fitur é realmente impressionante. São muitos os impostos arrecadados, os postos fixos e temporários de trabalho gerados e as relações estabelecidas, além da oportunidade para a internacionalização dos produtos turísticos de cada localidade representada. Para melhor compreender as dimensões e a movimentação humana nessa feira, buscaram-se na imprensa alguns dados estatísticos para ilustrar as discussões feitas anteriormente. Vejamos:

Segundo o Editorial da Revista *Aviación y Turismo*, publicada no dia 25 de janeiro de 2000, a Fitur apresentou-se mais uma vez como uma das principais opções de divulgação e comercialização de produtos turísticos de inúmeros países do mundo, além das mais variadas localidades espanholas. É na atualidade a segunda feira de turismo do mundo, logo após a de Berlim, posicionando-se à frente de outras de grande projeção internacional, como por exemplo a de Milão e a de Lisboa. Do ponto de vista quantitativo, a revista apresentou alguns dados que merecem uma discussão mais aprofundada (Quadro 7.2):

QUADRO 7.2 – Evolução da participação na Fitur de 1981 a 2000

Fitur	Participação internacional	Número de expositores	Total de visitantes profissionais	Total de jornalistas
1981	37	1.500	3.000	358
2000	161	8.000	40.000	5.034

Fonte: Revista *Aviación y Turismo*, nº 136, janeiro/fevereiro de 2000.

Como se pode observar, ao longo do tempo houve um impressionante crescimento, de forma que atualmente a quase totalidade dos países do mundo se acha de alguma forma representada na Fitur. O crescimento percentual foi de 435,13%, o que sugere um reconhecimento por parte de inúmeras nações, das potencialidades do setor turístico e sobretudo da representatividade de Madrid.

Um outro indicador desse fato é o interesse da imprensa, que, ao mesmo tempo em que cobriu os principais acontecimentos da feira, auxiliou também em sua divulgação em escalas nacional e internacional. De 1981 a 2000, o volume de jornalistas cresceu 1.406,14%. Tal fato colaborou ainda para a divulgação da cidade de Madrid como destino turístico e como centro de realização de negócios do setor. Ainda é válido lembrar que o crescimento do número de jornalistas se deve também ao próprio amadurecimento da feira.

Verificou-se, ainda, um forte incremento na participação de expositores: 533,33%, fato que demonstra a importância da Fitur em escala internacional, ao mesmo tempo em que indica a sua credibilidade, pois um expositor só investe atualmente em certames que lhe assegurem bons retornos financeiros. As projeções para 2001 são ainda mais otimistas, pois se acredita que aos poucos a comunidade consumidora vai participar ainda mais desse evento.

Por fim, deseja-se destacar um último fato relevante: Madrid cada vez mais se consolida como um centro de difusão de produtos turísticos, ampliando seu potencial de competitividade com Berlim, a cidade sede do maior certame mundial de turismo, e distanciando-se de Milão, que se posiciona em terceiro lugar. A idéia é criar a melhor estrutura possível para que os *produtos inovadores*[4] de

[4] Entende-se por produtos inovadores o conjunto de possibilidades de oferta criadas pelas/para as turoperadoras, que correspondem ao atendimento de novos desejos da demanda turística. São sempre distintos dos que existem no mercado, não somente em relação ao lançamento de novos lugares, mas sobretudo a partir de concepções de qualidade condizentes com a alta competitividade do setor turístico. Mesmo os núcleos receptores de freqüência maciça podem ofertar produtos inovadores, desde que as práticas turísticas sejam distintas das que tradicionalmente existem, sempre com qualidade e preços competitivos. O caráter diferenciado desses novos produtos não se vincula a rótulos, modalidades ou nomes pomposos, mas ao uso da principal ferramenta dos operadores de sucesso desse setor: a criatividade.

cada província espanhola e de cada país sejam divulgados a partir de Madrid, deixando para as demais feiras apenas o papel de divulgação.

Se são apresentados em Madrid, isso significa que as contratações dos *produtos inovadores* se realizarão a partir da capital espanhola, fato que a posicionará mais confortavelmente perante suas rivais desse mercado, que é, inquestionavelmente, cada dia mais competitivo.

PARA CONCLUIR

Neste trabalho, analisou-se a Feira Internacional de Turismo como uma das muitas realizadas no recinto ferial Ifema, de Madrid, buscando compreender o seu papel na construção de uma imagem turística positiva de Madrid e o seu potencial de inserção econômico-territorial nessa mesma cidade. Com base nos estudos bibliográficos realizados e nas entrevistas feitas durante a Fitur-2000, pôde-se chegar às seguintes conclusões:

1. Madrid é uma cidade altamente atrativa para os expositores do setor turístico por causa, sobretudo, de sua estrutura urbana de serviços turísticos, bem como pela presença da sede da Organização Mundial de Turismo. Considerou-se ainda sua posição geográfica, bastante privilegiada em relação aos continentes africano e americano e aos demais países da Europa.
2. Madrid é bastante atrativa para o *trade* turístico e para a instalação de oficinas nacionais de turismo. Verificou-se uma tendência de a capital espanhola ser a cidade a partir da qual as províncias espanholas e inúmeros países possam lançar seus *produtos inovadores*, fato que permite às turoperadoras considerarem-na como referência de novidades em um mercado altamente competitivo.
3. Madrid possui uma boa estrutura territorial para abrigar a Feira, tanto pelas instalações do *trade*, quanto, sobretudo, pelo seu recinto ferial, que se mostrou bastante competitivo perante outras cidades que realizam feiras nesse setor.
4. Desde a primeira edição da Fitur até a última, do ano 2000, verificou-se um incremento quantitativo gigantesco do fluxo de países, pessoas, empresários, imprensa e capital. Essa tendência se mantém, fato que pode repercutir de forma ainda mais incisiva na ordenação e na função territorial de muitas localidades da cidade.
5. Mesmo gerando alguns impactos indesejáveis, a Fitur tem apresentado um saldo bastante positivo, tanto do ponto de vista territorial quanto empresarial. Isso motiva o poder público a incentivar ainda mais novas edições da feira.

Por fim, pode-se dizer que o mercado turístico tem, em Madrid, cada vez mais, uma referência territorial, sobretudo pela divulgação e comercialização de *produtos inovadores*. Tal fato reforça ainda mais, além da presença da OMT, a sua imagem de *Capital Mundial do Turismo*. Abre-se, dessa forma, um grande espaço para a pesquisa científica, observação que se faz aqui com a intenção de ampliar os conhecimentos geográficos a respeito das feiras como fatores de interferência na dinâmica territorial das localidades onde são realizadas.

Bibliografia

BASELGA LEJ, J. (1991). Turismo de Negocios, Ferias y Congresos. In: Amenagment et Developpment du Tourisme en France et en Espagne. Madrid, Casa de Velasques, 301-28.

CUADRADO ROURO, J.R.; RUBALCABA BERMEJO, L. Las Ferias y Exposiciones en Europa Como Factores de Competência y Espacialización Urbana. In: *Revista ICE – Tribuna de Economia*, nº 759, 153-73.

EDITORIAL – *REVISTA AVIACIÓN Y TURISMO. Fitur cumple 20 años. La participación de la Feria ha pasado de 37 a 161 países y de 1.500 a cerca de 8.000 empresas.* Madrid, Editorial, nº 136, enero/febrero, 2000.

OMT – ORGANIZACIÓN MUNDIAL DEL TURISMO. *Organización Mundial del Turismo.* Madrid, OMT, 1998.

SANCHO, A. *Introducción al turismo.* Madrid, OMT, 1998.

SARMIENTO, M. El mercado de ferias y exposiciones y otros viajes de negocios. In: *Revista Estudios Turísticos* Madrid, Instituto de Estudios Turísticos. Revista Estudios Turísticos, nº 126, 119-210, 1995.

TORREGO, F. *El espacio de turismo de negócios en Madrid.* Madrid, Editora de la Universidade Complutense, Anales de Geografía de la Universidad Complutense, nº 7, 719-29, 1995.

VERA, J.F. *et al. Análisis territorial del turismo.* Barcelona, Ariel, 1997.

parte 3

Turismo e Lazer como Conteúdos da Educação Escolar

capítulo 8

Elementos para uma Abordagem Clínica do Turismo no Ensino Fundamental e Médio[1]

Embora a atuação da Geografia no campo da pesquisa da recreação tenha apresentado grandes avanços nos últimos anos, ainda é possível verificar o despreparo dos geógrafos educadores para o tratamento crítico das repercussões socioespaciais do turismo.

A esse respeito, basta uma breve análise dos livros didáticos e paradidáticos de Geografia disponíveis no mercado brasileiro para observarmos o quanto o turismo é ignorado como agente (re)produtor do espaço.

Vivemos em um mundo globalizado, em que as organizações buscam as novas dimensões da "pós-modernidade", as sociedades lutam para se adaptar a um novo tempo e a visão

[1] Trabalho apresentado na mesa-redonda "O Turismo no Ensino Fundamental e Médio", durante o 1º Encontro Nacional de Turismo com Base Local, realizado de 1 a 3 de maio de 1997 (atualizado e revisado para esta publicação).

científica se refaz continuamente, mas, infelizmente, a maior parte das publicações destinadas ao ensino fundamental e médio continua alheia ao processo em curso.

Atualmente o turismo é considerado a mais promissora das atividades sociais. Tem sido visto como um fenômeno complexo, capaz de dinamizar os mais diversificados setores produtivos dos mais diferentes lugares do mundo. É resultante da conjugação de inúmeros fatores sociais, políticos, econômicos, ideológicos, culturais, técnico-científicos e ambientais, que após a Segunda Grande Guerra passaram a impulsioná-lo e configurá-lo como fenômeno característico da sociedade moderna (RODRIGUES, 1997: 38).

No entanto, em algumas publicações didáticas, o turismo – atividade marcante da década de 1990 – não foi sequer citado, ao passo que capítulos inteiros foram dedicados à agricultura, à pecuária, ao extrativismo, à indústria e ao artesanato, entre outros temas. Não estamos desprezando a necessidade de se tratar os assuntos citados, mas sim defendendo a importância do turismo como um conteúdo merecedor de mais atenção.

Quando abordado, é visto como atividade puramente econômica, praticada pelas classes de elevado poder aquisitivo e que gera possibilidades financeiras inquestionáveis. Para os que defendem essa abordagem, as práticas recreacionais devem ser incentivadas a custos que chegam às margens da inconseqüência.

O estudo de seu planejamento é simplesmente ignorado, enquanto os atrativos e as potencialidades dos lugares são exaltados. Esses autores entendem que o desenvolvimento por meio do turismo só se dará se houver incentivo do governo, atuação efetiva do setor promocional, hospitalidade da população residente e, especialmente, aumento do fluxo, o que caracteriza uma visão linear do conceito de *desenvolvimento*, já bastante desgastada.

Torna-se imperioso o entendimento dos processos responsáveis pelos atuais níveis de abrangência do turismo, bem como dos campos de interferência dessa atividade, que se avoluma a cada dia. Passamos, então, a analisar suas implicações socioespaciais (em que se inclui também a sua esfera econômica), com o intuito de subsidiar discussões posteriores e alertar os geógrafos educadores sobre os equívocos cometidos pelas referidas publicações. Vejamos.

O TURISMO COMO FENÔMENO SOCIAL: ALGUMAS CONSIDERAÇÕES

Resguardando-se as peculiaridades de cada nação, em nível global, algumas conquistas no campo social – sobretudo trabalhista – têm contribuído para o avanço do turismo. No Brasil, segundo RODRIGUES (1997: 106), a redução das jornadas de trabalho (e, por conseguinte, o aumento do tempo livre), férias remuneradas, salários fixos, gratificações e décimo terceiro salário são alguns exemplos das referidas conquistas.

A crescente presença feminina no mercado de trabalho vem aumentando gradativamente a renda média familiar. A emancipação da mulher por meio da revolução sexual a partir dos anos 1970 contribui para que ela se tornasse mais independente e livre para viajar.

Em conferência durante o 1º Encontro Nacional de Turismo com Base Local (DG/USP, São Paulo, 2 de maio de 1997), a Professora Dra. Adyr Balastreri Rodrigues lembrou que, atualmente, a grande competitividade no mercado de trabalho faz com que os jovens das classes média e alta se iniciem mais cedo nas mais diversificadas carreiras profissionais. Por sua vez, um enorme contigente de trabalhadores infantis está abraçando o setor informal como oportunidade de ocupação produtiva, contribuindo também com as finanças da família, que, mesmo pertencendo a estratos sociais medianos, ou mesmo mais baixos, conta hoje com maiores oportunidades de práticas turísticas de baixo custo.

Também em âmbito global, o padrão de vida das sociedades sofreu considerável elevação, expressando-se também pela maior longevidade etária. A melhor formação intelectual (escolaridade) permitiu maior integração entre os povos, além de alimentar a curiosidade de conhecer outras culturas. Tal necessidade (em parte criada pelo modelo atual de consumo capitalista) é relativamente suprida pelas viagens, que segundo SARTOR (1977: 22) representam uma boa forma de aperfeiçoar os conhecimentos da formação humana.

Os crescimentos demográfico e urbano, gerados em boa parte pela industrialização, podem ser apontados como exemplos de fatores que mudaram mundialmente os hábitos sociais de produzir e consumir. Nessa onda de novos comportamentos no universo da mercadoria, surge a ideologia do estresse urbano, segundo a qual os cidadãos residentes nos grandes centros metropolitanos assumem para si uma rotina fatigante, que acaba por remetê-los à necessidade de descanso, de lazer, de viajar ou até mesmo de se isolar. Para RODRIGUES (1997: 26) trata-se de uma necessidade manipulada ou até mesmo fabricada pelo capitalismo, que procura impor a idéia de que o trabalho é sempre uma atividade massacrante e a viagem deve ser buscada como a melhor opção para libertar-se das neuroses do dia-a-dia.

Os fatores sociais citados vieram colaborar sobretudo com o avanço do chamado *turismo de massa*, que para ANDRADE (1992: 57) caracteriza-se por ser praticado por indivíduos de classes média e assalariada e por empresários de pequeno e médio portes. Nessa modalidade de turismo, o indivíduo (ou grupo) desfruta de bons serviços, que dispensam gastos excessivos. Esse autor afirmou que "o turismo de massa propicia meios para um comportamento mais descontraído, mais personalizado e mais humano". Outras características relevantes desse fenômeno são seu caráter predominante interno e sua duração, que condizem com a extensão das férias ou feriados prolongados.

Assim, cai por terra a idéia de que o turismo é "coisa de gente rica". O que se percebe é a participação cada vez maior das classes menos afortunadas no aumento dos fluxos, fato que torna o fenômeno da recreação um instrumento de "manipulação" dessa parcela da população e de seu tempo livre (RODRIGUES, 1997: 123).

No que diz respeito aos fatores geopolíticos ocorridos no período pós-guerra fria (a partir de 1989), vale destacar o reordenamento das economias ditas centrais do mundo capitalista e o enfraquecimento do império socialista, que vieram contribuir de forma muito particular para o avanço do turismo. Em primeiro plano, a reorganização das fronteiras nacionais eurasianas e a consolidação crescente da União Européia facilitaram a circulação de indivíduos no velho continente.

A exemplo da União Européia, o Nafta – Acordo Norte-Americano de Livre Comércio – e o Mercosul – Mercado Comum do Cone Sul – também deverão proporcionar as mesmas facilidades de deslocamento que já se fazem presentes nas áreas de domínio do Japão, bem como nos circuitos turísticos mais tradicionais da bacia do Pacífico.

Mesmo com toda essa importância social, o turismo continuou – e ainda continua – ignorado pela maior parte dos livros didáticos utilizados no Brasil, ou simplesmente não passa de pequenas observações ou notas de rodapé.

No campo técnico-científico, podem-se citar os avanços tecnológicos nos mecanismos de comunicação e meios de transportes, que têm colaborado de forma decisiva para o crescimento do turismo.

Apesar das fortes desigualdades regionais verificadas em todo o mundo, vivemos hoje a era da simultaneidade, em que os povoados se acham integrados uns com os outros pelo sistema global de informação, que lançou o homem em uma nova dimensão: o ciberespaço, ou seja, o espaço informatizado no qual pessoas se comunicam, se conhecem, vendem e/ou compram mercadorias, serviços, tomam decisões e também praticam lazer. A Internet – rede mundial de teleinformática – é a maior expressão desse momento histórico.

Por sua vez, a engenharia dos transportes supera-se a cada dia. Os meios modernos de circulação são mais rápidos, seguros, baratos, organizados, confortáveis e realmente capazes de conectar os mais distantes núcleos de ocupação, o que possibilita uma prática bem diversificada e de estrutura mais competente. É bom lembrar que turismo implica obrigatoriamente deslocamento pelo espaço, logo, o avanço quantitativo e qualitativo dos transportes apoiou (e continua a apoiar) seu crescimento. Só para se ter uma idéia pontual desse fato, atualmente o transporte rodoviário representa 96% do movimento de passageiros no Brasil, conforme estimativas das empresas do setor.

A implantação e a conseqüente expansão da indústria automobilística no Brasil vieram, segundo RODRIGUES (1997: 134), promover a motorização das famílias, que, dessa forma, passaram a contar com meios particulares de locomoção para os lugares de turismo e lazer. Nesse contexto, ressaltamos a presença da chamada segunda residência e das casas de temporada, que juntamente com os veículos particulares constituíam (e em algumas localidades ainda constituem) instrumentos importantes de recreação das classes média e alta, nos fins de semana e períodos de alta estação.

Dois outros aspectos que também participam desse contexto de crescimento do turismo devem ser observados: a relação *mídia* × *turista* e a relação *governo* × *turismo*.

No que diz respeito à relação *mídia* × *turista*, os pesquisadores mais críticos do marketing turístico são cautelosos ao afirmar que o atual ritmo de vida urbana tem gerado indivíduos estressados, exaustos com o dia-a-dia das grandes cidades e, por esse motivo, necessitados de recreação. Conforme já foi dito anteriormente, passa-se a idéia de que nas viagens esses indivíduos, ao buscarem novos mundos, descobririam novas culturas, divertir-se-iam com excitantes aventuras ou até mesmo encontrariam o isolamento desejado. Teriam, assim, a garantia de ter seus anseios pessoais atendidos, como se viajar fosse sinônimo de plena satisfação. É bem verdade que o desligamento do lugar comum se faz cada dia mais desejado, fato que atesta o sucesso das campanhas promocionais.

É nesse contexto que a mídia procura atuar, apresentando ao turista um generoso leque de oportunidades, fruto do trabalho meticuloso das operadoras e agências de turismo. Os lugares tornam-se mercadorias para serem vendidas como produtos aptos para o consumo. Oferece-se o espaço com tudo que nele existe, inclusive o próprio homem. Um bom exemplo disso é o chamado turismo sexual, em que grupos, geralmente compostos por executivos, são formados no exterior e nos grandes centros nacionais e levados para os paraísos do sol e do sexo, como Fortaleza (CE), Recife (PE) e o Rio de Janeiro (RJ), onde complexas redes de prostituição – até mesmo infantil – os recebem para cumprir inúmeros programas, fazendo movimentar não só o mercado cruel das noites ditas de prazer, mas também o tráfico de meninas, drogas, armas, entre outros.

Referindo-nos agora às relações *governo* × *turismo*, cresce a preocupação com a estruturação espacial em suas mais variadas formas. No caso específico dos países periféricos, os chamados *planos de desenvolvimento turístico* propõem o planejamento do setor, tendo como foco de ação o aproveitamento mais rentável do potencial natural e cultural existente. Trata-se, portanto, de modelos tradicionais de planejamento, que geralmente desconsideram o caráter transdisciplinar do turismo, em que os possíveis gastos do turista constituem a meta do planejador, ou seja, tudo o que se faz, se faz com esse fim. Dessa forma, os interesses da população residente, bem como o equilíbrio ambiental, se perdem no *glamour* das práticas recreacionais e dos lucros por elas proporcionados.

Glamour que se faz pela inconsciência da população local, é acostumada a enxergar somente os benefícios do turismo, esquecendo ou simplesmente não questionando os impactos (que geralmente são graves) por ele provocado. No Brasil, com a implantação em 1994 do PNMT – Programa Nacional de Municipalização do Turismo –, vislumbrou-se a possibilidade de superação desses incômodos, caso esse programa fosse implementado de acordo com as necessidades e anseios de cada comunidade, atendendo democraticamente aos interesses dos atores sociais do espaço turístico (comunidade local, turistas, gestores e empresários), criando, para tanto, as oportunidades de participação efetiva nas tomadas de decisões nos conselhos municipais de gestão do turismo.

Daí a necessidade de se pensar na importante colaboração da *educação* para esse processo, para orientar os atores citados no que se refere ao bom desempenho de seu papel político de representação social nos já citados conselhos. As intervenções podem dar-se de formas diversas, ocorrendo dentro do ambiente escolar, ou até mesmo por meio de campanhas de massa e/ou nos locais de maior visitação. Neste trabalho, restringimos nossas reflexões ao âmbito escolar, discutindo a colaboração que o geógrafo educador pode dar a essa temática na aulas de Geografia, como também nas de *conscientização turística*, que se tornou disciplina da grade curricular de algumas localidades turísticas brasileiras.

A CONSCIENTIZAÇÃO TURÍSTICA COMO DISCIPLINA DA GRADE CURRICULAR NO ENSINO FUNDAMENTAL E MÉDIO: VALIDADE E LIMITAÇÕES

Muito se fala sobre a implementação de programas oficiais de *educação para o turismo* ou de *conscientização turística* como oportunidade de superação dos muitos problemas relativos a esse fenômeno, por meio da educação. Uma análise mais profunda dessa temática nos permite afirmar sem constrangimentos que essa disciplina contribui muito pouco para o enriquecimento do referencial crítico das populações receptoras, público-alvo desses tipos de programas, pois são organizadas, em geral, para ensinar os moradores dos lugares turísticos a receberem bem o turista, visando ao seu retorno. E é com esse retorno que se acredita poder desfrutar das "maravilhosas" possibilidades financeiras que o setor pode proporcionar.

Tal argumentação gera uma considerável dose de desconfiança. Questionamos a competência desse grande número de novas "educações" e "conscientizações", que, conforme nos lembrou a professora Luzia Neide T. Coriolano (em palestra durante o X Encontro Nacional dos Geógrafos, Recife, PE, 1996), muito pouco colaboram para as mudanças maiores e mais significativas na estrutura educacional de base, que se contasse com mais cuidados, não necessitaria de um vasto conjunto de programas de educação paralelos, tais como: ambiental, sexual, para o trânsito, para o trabalho, para o consumidor e entre tantos outros, também para o turismo.

Hoje, já é comum se encontrar em núcleos receptores de inúmeras partes do Brasil escolas que introduziram em suas grades curriculares a disciplina *Conscientização Turística*, que pode admitir outras denominações também pomposas.

Em primeiro plano, queremos deixar claro que, no nosso entendimento, uma nova disciplina passa a exigir dos alunos a "neurose" da tradicional preocupação com a nota e com a freqüência obrigatória, como pressupostos para aprovação. As notas exemplares dos alunos exemplares não significam, nem de longe, que eles estejam conscientizados e que a cidadania foi estimulada. Assim, entendemos que o disciplinamento da consciência nada mais é que a subversão da liberdade de pensar em uma caminhada que pode perfeitamente dispensar as cartilhas e provas – e por conseguinte a prática criminosa da "cola" –, para ter na vida privada e comunitária, no lugar, na dinâmica ambiental, entre outros exemplos, os recursos didáticos eficientes de uma pedagogia comprometida com a criatividade e com a liberdade.

Uma outra questão que se pode discutir neste momento diz respeito ao conteúdo ideológico dessa disciplina. Quais vertentes da realidade serão elucidadas e quais serão eclipsadas em nome da educação? Quem conscientiza quem de quê?

Essas perguntas são, evidentemente, muito difíceis de serem respondidas, mesmo porque vivemos em uma estrutura de Estado que nunca valorizou a educação como oportunidade de evolução pessoal e de libertação. Nossa preocupação se amplia ainda mais quando verificamos o caos em que mergulha o sistema educacional brasileiro, que, entre outras características perversas, apresenta um número cada vez maior de professores desqualificados trabalhando como "tapa-buracos", sobretudo nas escolas públicas.

No nosso entender, a conscientização turística deve ter como público-alvo não somente os moradores, mas sobretudo os turistas, os empresários e os gestores públicos. Esse conjunto simplificado de quatro atores do espaço turístico não pode, sob hipótese alguma, ser desmembrado e/ou dispensado dos programas de conscientização, que devem transpassar os muros das escolas, os laboratórios das universidades e ganhar as ruas, as praças, as calçadas, as praias, e tantos outros lugares de uso recreacional. Nessa perspectiva, o espaço é o plano de ação dos educadores.

Mas quem são esses educadores e esses conscientizadores? Que formação acadêmica devem apresentar?

Conforme afirmou o professor Ireleno Porto Benevides em palestra durante o 1º Encontro Nacional de Turismo com Base Local (DG-USP, São Paulo, 3 de maio de 1997), "toda formação acadêmica gera deformações metodológicas", na medida em que direciona o olhar do cientista para um determinado rumo. Assim, prezamos o trabalho de grupos notadamente multiqualificados, na tentativa de iluminar os vários ângulos do mesmo assunto, visando à sua compreensão em uma perspectiva transdisciplinar.

Como o tema em análise é o ensino fundamental e médio, retornemos nossas reflexões sobre a escola. Nela, o corpo de docentes qualificados em diversas áreas do conhecimento pode perfeitamente trabalhar em todas as disciplinas, na medida do possível, os temas relativos ao turismo, em um esforço conjunto, que acreditamos ser viável e muito mais produtivo.

Hoje, em algumas escolas, pesquisadores especificamente de Geografia já começam a ajudar a desfazer os nós que amarraram o estudo do turismo a práticas fundamentadas em ideologias equivocadas. Conforme já foi dito anteriormente, o procedimento correto é pensá-lo de forma integrada, considerando o máximo de variáveis envolvidas em seu processamento. Assim, o lucro tão perseguido pelo setor é reformulado, e consideram-se também como ganhos a conservação ambiental e a manutenção dos costumes locais, bem como o respeito à rotina dos espaços receptores. Se até o momento planejar o turismo significou obter vantagens financeiras e agradar ao turista, é chegada a hora de repensar o que se entende por *desenvolvimento*, visto que essa atividade se mostra como um fenômeno que a cada dia se reverte de novas complexidades e remodela mais e mais os espaços onde se processa; infelizmente poucos autores de obras didáticas se deram conta desse fato.

Não é novidade que os caminhos da economia mundial (sobretudo nos países ditos centrais) encontram-se em plena redefinição, e que a Geografia deve acompanhar tais alterações, tornando-se mutável proporcionalmente à dinamização dos espaços que estuda. Deve mostrar-se aberta para adquirir novos métodos e, assim, vislumbrar novos horizontes.

Felizmente, a reflexão geográfica do fenômeno turístico incrementa-se pouco a pouco com a criatividade e a audácia de alguns pesquisadores e professores, que, pioneiros, procuram cumprir com a obrigação ética e social de alertar – juntamente com seus colegas de trabalho de outras disciplinas – as comunidades onde atuam sobre os riscos que correm ao buscarem desenfreadamente as vantagens financeiras proporcionáveis pelo turismo.

Vale frisar que não estamos de forma alguma condenando o turismo. Ao contrário, nosso desejo é que essa atividade cresça, mas com cuidados, pois dessa forma teremos um processo gratificante de amadurecimento do turista, do residente, dos gestores públicos, do empresariado e, por conseqüência, da sociedade como um todo.

Desejamos um turismo forte, promissor, lucrativo e principalmente planejado com competência. Que todas as ações se fundamentem na satisfação plena do turista, na conservação ambiental, no respeito ao patrimônio turístico, mas, sobretudo, na valorização e na conscientização da população receptora, que sofre na pele as conseqüências negativas de sua própria inércia diante dos abusos cometidos, tanto pelos "maus turistas", quanto pela má atuação dos governantes e empresários.

Propomos, para tanto, um programa de educação para o turismo, que não esteja desvinculado das outras formas de complementação dos conteúdos escolares – educação sexual, para o trânsito, ambiental, e outras – nem tampouco das disciplinas comuns da grade curricular. Acreditamos que, se a conscientização turística for transformada em disciplina, perderá seu objetivo de despertar a criatividade dos discentes, pois criará neles as tradicionais preocupações com a avaliação, que, da forma ultrapassada como é aplicada, não estimula em nada a construção da reflexão crítica.

Semanas acadêmicas, seminários, palestras, grupos de pesquisas, *workshops* e outras atividades podem ser apontadas como alternativas muito mais válidas para essa questão, considerada fundamental para a melhor formação de nossos alunos.

Para concluir, tomando por base as considerações levantadas, podemos observar a urgente necessidade de se repensar a atual abordagem que a educação brasileira, e mais especificamente a Geografia, tem conferido ao fenômeno turístico.

Não se pode mais admitir que o "turismo oba-oba" seja veiculado como modelo de atividade econômica altamente rentável, quando se sabe que ele tem gerado inúmeros impactos de elevados custos, tanto sociais, quanto ambientais. Não se podem mais aceitar as ideologias da "indústria branca" (não poluente), quando já é de conhecimento geral que alterações degradantes graves podem ser provocadas pelo turismo.

Assim, é chegada a hora de se pensar em um ensino escolar crítico e transdisciplinar, em que a Geografia pode vir a contribuir imensamente para um entendimento mais amplo das repercussões espaciais desse setor produtivo.

Bibliografia

ANDRADE, J.V. de. *Turismo: fundamentos e dimensões.* São Paulo, Ática, 1992.

BARRETTO, M. *Planejamento e organização em turismo.* Campinas, Papirus, 1991.

NAISBIT, J. *Paradoxo global – quanto maior a economia mundial mais poderosos são os seus protagonistas menores: nações, empresas e indivíduos.* Rio de Janeiro, Campus, 1994.

PORTUGUEZ, A.P. *Geografia aplicada ao turismo.* Vitória, Senac, 1996.

________. Turismo no morro. In: *O capitalismo dos sonhos se apropria de um pesadelo: a segregação.* São Paulo, AGB Informa, 60, jan/mar 1996.

RODRIGUES, A.A.B. *Turismo e espaço. Rumo a um conhecimento transdisciplinar.* São Paulo, Hucitec, 1997.

________ (Org.). *Turismo e geografia: reflexões teóricas e enfoques regionais.* São Paulo, Hucitec, 1996.

SARTOR, L.F. *Introdução ao turismo.* Porto Alegre, UCS/EST, 1977.

TRIGO, L.G.G. *Turismo e qualidade: tendências contemporâneas.* Campinas, Papirus, 1993.

capítulo 9

A Abordagem do Turismo pela Educação Escolar em Tempos de Transversalidades Curriculares[1]

"Os conhecimentos, que se transmitem e se recriam na escola, ganham sentido quando se tornam produto de uma construção dinâmica entre os saberes escolares e os demais saberes. A escola deve possibilitar ao aluno a valorização da cultura do seu próprio grupo e, ao mesmo tempo, ultrapassar seus limites propiciando o acesso ao saber elaborado na cultura brasileira e aquele que faz parte do patrimônio universal da humanidade."

Marianela R. da SILVA, Analista Educacional da UBEE (Mimeogr.)

Com o lançamento em 1994 do PNMT – Programa Nacional de Municipalização do Turismo (Portaria Embratur nº 130 de 30/3/1994), surgiu uma proposta considerada, em um primeiro momento, altamente relevante para o bom desempenho do setor turístico em nível municipal: a criação de uma disciplina de Iniciação ao Turismo, que seria incluída preferencialmente nas grades curriculares das escolas de educação básica. Pretendia-se, com isso, preparar a parcela mais jovem da população receptora para conviver bem com o turista, bem como fazê-la

[1] Este trabalho pretende discutir o turismo como um dos conteúdos a serem abordados pela educação escolar brasileira dentro da atual tendência de "transversalidade", discutida nos Parâmetros Curriculares Nacionais – PCNs – propostos pelo Ministério da Educação e Cultura, por meio da Secretaria de Educação Fundamental. Trata-se, portanto, de uma discussão centralizada nas primeiras séries do aprendizado formal, considerada por boa parte dos estudiosos do turismo ideal para se trabalhar qualquer programa de Conscientização Turística. Compõe-se da junção de textos e palestras do autor, que vem se dedicando ao assunto desde de 1997.

acreditar que do turismo ela poderia vir a tirar seu sustento (Política Nacional de Turismo – 1996/1999).

Essa proposta foi feita pela Embratur – Instituto Brasileiro de Turismo – como um dos pressupostos para a concessão do "Selo de Municipalização" para os municípios turísticos. Esse Instituto chegou a colaborar com o Senac/DN – Departamento Nacional do Serviço Nacional de Aprendizagem Comercial – na elaboração de uma cartilha[2] (acompanhada por uma fita de vídeo) destinada à campanha nacional de educação turística denominada: Iniciação Escolar para o Turismo.

Tal fato já revela uma primeira e grave contradição do PNMT: segundo a publicação "Turismo sob a Ótica dos Monitores Municipais", o programa é um:

> *"(...) processo de desenvolvimento turístico através da conscientização da população beneficiária das ações realizadas no próprio município.*
> *Como atividade que se desenvolve através de atrativos localizados, utiliza serviços e gera impostos primordialmente municipais, nada mais adequado do que concentrar os processos de planejamento e gerenciamento no município, procurando envolver ao máximo a sua comunidade, vinculando-a aos programas a serem implantados."*
>
> *(Embratur, 1994: folheto promocional)*

No entanto, em vez de cumprir o objetivo citado em relação à educação, a Embratur apoiou a elaboração da referida cartilha, que, além de contradizer a intenção de pensar e planejar a educação turística na esfera municipal, passa uma série de informações altamente tendenciosas, questionáveis em seu conteúdo.

Assim, obedecendo as recomendações do PNMT, as escolas dos municípios turísticos passariam a adotar este e/ou outros materiais didáticos, muitos produzidos fora do ambiente receptivo, dentro de uma filosofia puramente empresarial, nos moldes tecnicistas mais rudimentares. A experiência do lugar, tão pregada pelos teóricos da pedagogia progressista – aqui lembrando as discussões de LIBÂNEO (1993: 39-40) – foi totalmente ignorada, enquanto as promessas cegas de desenvolvimento foram exaltadas, como se o turismo fosse apenas sinônimo de inquestionável meio de promoção do bem-estar social.

Via de regra, apostilas desse tipo não discutem adequadamente a face perversa do turismo mal planejado, sobretudo a questão dos impactos socioambientais decorrentes do setor, quando praticado sem se tomar as devidas precauções.

No que se refere mais especificamente à criação da disciplina de Conscientização Turística, é notória a intenção de se valorizar o turismo enquanto atividade econômica. A esse respeito, cabe lembrar que as novas cadeiras que vêm sendo solicitadas pelo mercado editorial e também por alguns grupos de profissionais,

[2] Convênio DN–Senac/Embratur nº 063/92.

como os educadores ambientais, os bacharéis em turismo, entre outros exemplos, são, via de regra, carregadas de conteúdos ideológicos que pouco acrescentam à formação crítica dos novos cidadãos. Entre essas disciplinas, a de Educação para o Turismo figura como um dos exemplos mais claros.

Propõe-se uma abordagem do turismo dentro de uma perspectiva transdisciplinar, para evitar o direcionamento das reflexões desse fenômeno por um único profissional e para impedir que um tema digno de ser abordado nas escolas se transforme em uma desagradável cobrança de notas e presenças, que certamente estimularia o desinteresse dos discentes.

Essa reflexão está bem de acordo com as afirmativas de ANDRADE (1992: 11-2), cuja argumentação é de que o turismo é uma atividade altamente complexa, que nasce de um conjunto muito heterogêneo de fatores, não dispondo de autonomia teórico-metodológica, motivo pelo qual deve ser estudado dentro de uma perspectiva integrada, lançando mão dos conhecimentos produzidos por um consistente conjunto de ciências que de alguma forma contribuam para o amadurecimento técnico-teórico de suas múltiplas dimensões.

Como proposta, fica a sugestão de se trabalhar os assuntos referentes ao turismo dentro de um planejamento integrado, enquadrando-o como tema transversal, para utilizar a terminologia das pedagogias progressistas em fase de incentivo nas escolas brasileiras, sobretudo após a publicação da nova LDB – Lei de Diretrizes e Bases da Educação Brasileira –, também conhecida como Lei Darcy Ribeiro (Lei nº 9.394, de 20/12/1996).

Uma boa justificativa para se investir em uma perspectiva transdisciplinar diz respeito à formação dos professores. Como já é de conhecimento geral, toda formação acadêmica tende a direcionar metodologicamente a atuação do educador, na medida em que prioriza seu olhar para a linha científica em que se formou. Desse modo, se a disciplina Conscientização Turística for ministrada por um único profissional, certamente seu corpo de conteúdos será adaptado às experiências vivenciadas pelo professor, que provavelmente vai trabalhar conteúdos com elas relacionados.

Pode-se ainda pensar na possibilidade de se lançar mão de alguns eventos escolares, tais como: semanas acadêmicas, seminários, debates, palestras, grupos de pesquisa, entre outros, como oportunidades de tratar essa temática dentro de uma perspectiva mais integrada e abrangente, envolvendo não só os alunos, como também toda a coletividade local, até porque a nova LDB, em seu artigo nº 23, abre um precedente realmente inovador ao admitir que as escolas elaborem estratégias diversas para que os alunos possam realmente aprender, ou seja, a escola pode criar novas alternativas para creditar conhecimentos, sem que isso signifique obrigatoriamente a criação de uma cadeira independente.

Uma observação importante: quando defendemos o trabalho integrado dos professores, não estamos, sob hipótese alguma, ignorando um risco considerado grave, que é a fragmentação exagerada do estudo do turismo, ou seja, a transversalidade via transdisciplinarização não pode resultar no esfacelamento do turismo como conteúdo, de modo que cada educador trabalhe separadamente uma parte do "todo dilacerado". A atuação do profissional da educação nesse sentido deve priorizar a construção de um conhecimento amplo, sem contudo agredir a integridade do assunto.

Um outro ponto que deve ser considerado diz respeito à possibilidade de uma intertransversalidade dos conteúdos, entendida como a abordagem não somente do tema em disciplinas curriculares diferentes, mas também como a análise de tais conteúdos de forma correlacionada. Por exemplo, ao mesmo tempo em que o aluno estiver estudando a sexualidade, possa estudar também o turismo e noções de direitos humanos, pois entendemos ser impossível falar de turismo em algumas cidades brasileiras sem abordar a questão da prostituição infantil e do conseqüente desrespeito ao Estatuto da Criança e do Adolescente.

Assim, os conhecimentos são produzidos dentro de uma estrutura aberta de reflexão, na qual o aluno pode perceber que os conteúdos transversais são, antes de mais nada, temas relativos à valorização da vida e da cidadania.

UM ESTUDO DE CASO

Diante de tais argumentações, resolveu-se investigar o tratamento que esse tema vem recebendo nas escolas, para, se necessário, propor novas formas de abordagem. Para tanto, aplicamos em um grupo de professores de Geografia[3] um questionário, que teve a finalidade de levantar alguns pontos para aprofundar algumas discussões acerca da abordagem feita nas escolas sobre o fenômeno turístico. O grupo escolhido compôs-se de 56 alunos matriculados no curso de graduação em Geografia da Universidade Federal do Espírito Santo.

O número de 56 indivíduos foi definido da seguinte forma: do total de alunos matriculados, exigimos, para responder o questionário, três requisitos que consideramos fundamentais: a) estar freqüentando regularmente pelo menos o quarto período (pois nessa fase do curso os graduandos já passaram por disciplinas de Geografia Humana, Geografia Física, Geografia Regional, Cartografia, Teoria e Fundamentos da Geografia, Geologia, Estatística e cadeiras oferecidas

[3] Os professores de Geografia foram escolhidos pelo fato de serem os que lidam em geral com temas de punho econômico-social. Trata-se apenas de uma amostragem, que poderia ter sido realizada com qualquer outro grupo de educadores.

pelos departamentos de História e Ciências Sociais); b) que esses alunos estivessem se habilitando para o exercício do magistério (Licenciatura) c) e que já atuassem em escolas públicas e/ou privadas como professores de Geografia.

O questionário aplicado compôs-se de um cabeçalho e sete questões discursivas. No cabeçalho, solicitamos informações sobre a escola em que atuam os professores: bairro e município, onde se localizam, se particular ou pública, número de turmas (classes) e de alunos sob a responsabilidade do profissional inquirido.

Verificamos que 89,3% dos entrevistados trabalham em escolas públicas, municipais ou estaduais, enquanto 10,7% atuam em instituições privadas, ou seja, trabalham com população predominantemente de baixa renda.

Em média, cada professor leciona para cinco turmas, com cerca de trinta e três alunos em cada classe, número que nos faz pensar em aproximadamente 1.830 alunos assistidos por esses profissionais.

Pelos endereços das escolas, também declarados, verificamos que se localizam em bairros da região metropolitana da Grande Vitória – Guarapari, que comporta o maior fluxo turístico de todo o Estado do Espírito Santo.

Passamos agora a analisar as respostas dadas a cada uma das questões contidas no já citado questionário.

1. *"Ao elaborar seu programa de curso anual, você sempre inclui os aspectos geográficos do fenômeno turístico? Por quê?"*

Com essa questão, verificamos o percentual de professores que incluem o estudo geográfico do turismo em seus planos de curso. Os resultados foram os seguintes:

Dos entrevistados, 53,5% afirmam que incluem. As explicações foram analisadas e divididas em três grupos: a) 66,6% dos que responderam sim sustentaram que "o turismo é uma atividade econômica muito importante e deve ser incluída nos planos de curso"; b) 16,7% dos que trabalham o assunto em sala de aula acreditam que seu estudo é importante porque "se trata de um agente organizador do espaço"; e, finalmente, c) 16,7% disseram que é um "bom tema para os alunos pesquisarem".

Vê-se, então, que para a maioria desses professores o turismo é uma atividade econômica, fato que o torna parte dos seus programas de curso. Tal visão mostra a postura ainda tradicional da Geografia escolar no tratamento do turismo; que atualmente é entendido como um fenômeno social (RODRIGUES, 1997), capaz de gerar repercussões socioespaciais das mais significativas, não restringindo-se apenas a uma simples estrutura de gastos. Para PORTUGUEZ (1996), trata-se de uma das atividades humanas mais marcantes na dinâmica econômico-territorial da década de 1990.

Partindo dessa análise, pergunta-se: não seria bem mais interessante trabalhar em sala de aula os aspectos socioespaciais associados ao fenômeno de recreação? Não seria prudente orientar o aluno para que se torne um turista consciente, um residente dotado de criticidade e engajado em uma práxis social construtiva como cidadão?

O aluno não pode mais estudar o turismo econômico, permanecendo alheio ao processo em análise, como se fazer turismo ou conviver com ele fosse algo distante de sua realidade imediata.

Dos entrevistados, 26,7% afirmaram que não incluem o estudo em seus programas. Duas foram as justificativas básicas apresentadas: "não há material disponível para o planejamento das aulas" e "faz pouco tempo que tomou consciência de que essa temática é importante" (respectivamente 66,6% e 33,4%).

As respostas negativas tiveram justificativas que nos pareceram bem claras, dispensando maiores comentários. Apenas lamentamos, mais uma vez, o pouco interesse dos geógrafos pelas questões levantadas, já que na atualidade se pode considerar que a bibliografia específica é bastante farta e acessível.

2. *"Em que aspecto(s) de seu programa você traz para seus alunos a análise geográfica do fenômeno turístico?"*

( ) Geografia Humana	*( ) Geografia Econômica*
( ) Geografia Física	*( ) Cartografia*
( ) Geografia Política	*( ) Outros*

Justifique.

Ainda hoje é comum encontrarmos nos livros didáticos as já ultrapassadas abordagens fragmentadas dos elementos espaciais, como se estes não se interatuassem, dinamizando assim a organização do meio. Por esse motivo, separamos propositadamente alguns dos campos de investigação da Geografia, a fim de testarmos se este ainda é o tipo de abordagem que se costuma conferir aos temas de interesse geográfico.

É conveniente esclarecer que os entrevistados podiam marcar um ou mais campos de pesquisa da Geografia; 36,4% dos questionários não tiveram essa questão justificada. Os resultados obtidos foram os seguintes:

Geografia Econômica	64,2%
Geografia Física	55,3%
Geografia Humana	53,5%
Cartografia	19,6%
Geografia Política	0,0%
Outros	0,0%

As justificativas apresentam-se baseadas em duas explicações: a) na valorização do turismo como uma atividade econômica; e b) no potencial a ser explorado, que juntos totalizaram 83,9% das respostas obtidas. Destas, 16% foram dadas por professores que acham que a Geografia Humana deve responsabilizar-se pelo assunto, por ser o turismo um fenômeno social, enquanto 67,9% crêem que tal responsabilidade cabe à Geografia Econômica.

Com isso, pode-se perceber que os alunos recebem de seus professores uma visão predominantemente economicista, que é comum, inclusive, entre 55,3% que abordam o turismo nas aulas de Geografia Física, pois garantem que "o Brasil é um país de grande potencial ecoturístico, que pode gerar muitas riquezas se seu patrimônio natural for bem aproveitado".

Nenhum dos entrevistados abordou o turismo de modo integrado (sob uma visão holística) e nem se referiu aos impactos socioespaciais por ele provocado.

Dos questionários, 14,1% apresentaram justificativas variadas para essa segunda questão, dentre as quais destacamos uma que afirmou: "é importante ensinar turismo nas aulas de cartografia para os alunos aprenderem a se localizar no espaço quando viajarem".

3. *"Na sua opinião, quais aspectos do turismo devem ser trabalhados em sala de aula?"*

Com esta questão, pretendemos identificar e analisar o elenco de aspectos do turismo que são abordados pelos educadores. Os resultados foram surpreendentes:

Dos entrevistados, 91% responderam em poucas palavras que abordam os aspectos econômicos do fenômeno e suas possibilidades de expansão pela intensificação do uso de seus recursos; 8,9% preocupam-se com a preservação do meio ambiente e tratam da chamada conscientização turística, preparando os alunos para serem "bons turistas".

Nenhum dos entrevistados se reportou a nenhum dos assuntos sociais, técnico-científicos, ideológicos, políticos e ambientais, que envolvem a temática abordada, nem tampouco alertaram os discentes para os impactos provocados pelo turismo quando desprovido de planejamento.

4. *"Quais referências bibliográficas você costuma utilizar no planejamento de suas aulas para tratar dos temas anteriormente citados? Você está satisfeito com a forma com que esses conteúdos foram trabalhados ?"*

Dos professores entrevistados, 36,4% declararam que utilizam as informações contidas nos mais variados livros. Destes, 50% mostraram-se satisfeitos com o tratamento dado ao turismo. Dos outros 50% restantes, 25% declararam-se insatisfeitos em função da superficialidade com que o tema é abordado, ou simplesmente não responderam (25%).

Dos entrevistados, 28,5% afirmaram que não utilizam nenhuma base bibliográfica. Alguns se justificaram alegando desconhecer os trabalhos já publicados sobre o assunto, enquanto outros garantiram ser detentores de grande conhecimento pessoal que supre as deficiências dos livros didáticos.

Dos professores, 17,8% utilizam jornais, revistas, folhetos, publicações promocionais fornecidas pelas embaixadas, entre outros instrumentos de apoio. Destes, 50% afirmaram estar satisfeitos com o tratamento dado ao turismo enquanto fenômeno geográfico, contra os 50% restantes que se consideram insatisfeitos.

É válido mencionar o fato de que nenhum dos entrevistados citou nomes de autores ou obras com as quais planejam suas aulas.

Dos questionários, 17,8% não tiveram a questão 4 respondida.

Analisando os dados obtidos e confrontando-os com os anteriormente expostos, é fácil observar que os professores possuem, em sua maioria, uma visão romântica do turismo, fato que os faz promover alguns espaços tidos como atrativos, conforme material por eles utilizados. Afinal de contas, panfletos, folhetos de embaixadas, suplementos turísticos e revistas de grande circulação jamais tratariam criticamente o assunto em pauta.

Quanto à abordagem feita pelos livros didáticos, já nos posicionamos anteriormente, de forma que nos cabe apenas reforçar a idéia de que é chegada (se não ultrapassada) a hora de dispensar ao turismo o espaço merecido no elenco de temas abordados.

5. *"Você acha que a Universidade lhe deu (ou lhe está dando) boa formação para trabalhar criticamente a Geografia do Turismo? Por quê? Qual sua opinião sobre a criação da disciplina optativa Geografia do Turismo para os cursos de graduação em Geografia?"*

A inclusão dessa questão no questionário teve como objetivo verificar o grau de satisfação dos graduandos do Departamento de Geografia da UFES com a formação oferecida, no que se refere apenas aos aspectos geográficos do fenômeno turístico, bem como saber a opinião deles sobre a criação da disciplina optativa Geografia do Turismo.

Dos entrevistados, 73,2% afirmaram que a Universidade não oferece boa qualificação para que se trabalhem adequadamente o turismo na prática pedagógica. Apresentaram duas justificativas básicas para tal resposta: a) as disciplinas oferecidas pelo curso são predominantemente sufocadas pela falta de tempo, fato que leva o professorado a ministrar somente os conteúdos mais relevantes de cada programa; e b) o quadro docente não possui qualificação específica para trabalhar esse assunto.

Essa primeira parte da questão não foi respondida por 17,8% dos entrevistados e 8,9% asseguraram que estão satisfeitos com a formação dada pelo curso.

Quanto à segunda parte da questão, 91% dos professores afirmaram que a criação da disciplina optativa Geografia do Turismo representaria uma grande contribuição à sua formação acadêmica.

Dos entrevistados, 8,9% não responderam à segunda parte dessa questão. Finalmente chegamos às duas últimas questões, que têm por objetivo observar a criticidade dos professores no que se refere ao fenômeno turístico e o tipo de reflexão que esperam de seus alunos.

6. *"Elabore uma questão que você colocaria em uma das suas avaliações na qual seus alunos devam analisar o turismo à luz da Geografia Crítica. Obs.: Favor citar para qual série essa questão se destina."*

7. *"Que resposta você espera de seus alunos?"*

Analisando em primeiro plano somente a questão 6, 64,2% elaboraram questões de cunho meramente econômico, pouco exigente no que se refere à reflexão crítica. Algumas exigiam respostas muito suspeitas, pois inquiriam sobre lucro e dados sobre fluxos.

Questões de ordem realmente crítica foram elaboradas por 26,7%, induzindo o aluno a refletir sobre a organização e a dinâmica dos espaços receptores, e 8,9% não responderam a essa questão.

Quanto às respostas desejadas (questão 7), 64,2% dos professores esperam que seus alunos centralizem suas reflexões sobre os aspectos econômicos do turismo. Um fato muito mais grave ocorreu com 17,8% das expectativas de resposta: esses professores esperam depoimentos totalmente fora do que foi perguntado ou simplesmente afirmaram "aceito qualquer resposta que me satisfaça".

Percebe-se, então, que 91% dos professores desconhecem o verdadeiro significado da expressão Geografia Crítica. Vejamos alguns exemplos de questões elaboradas, que foram extraídas somente dos questionários.

"Existe diferença entre turismo e geografia?"
(5ª série)

"Por que os hotéis do Japão estão sendo feitos de forma a aproveitar os espaços?"
(8ª série)

Vejamos um exemplo de relação questão × resposta proposta por um dos professores:

> *"O nordeste, apesar de ter um clima semi-árido no sertão, como podemos utilizar essa área para o turismo?" (6ª série)*

> *"Podemos criar um grande parque de diversões comparado aos maiores do mundo com hotéis para hospedagem, mas para isso precisamos de apoio dos governantes estadual e federal."*

Desconsiderando os graves equívocos gramaticais, levantamos alguns pontos para reflexão sobre a questão elaborada:

Quando o professor diz "apesar de", deixa-nos a impressão de que o clima semi-árido é um entrave ao desenvolvimento do turismo. É de conhecimento geral que alguns desertos, que são bem mais áridos que o sertão nordestino, possuem atrativos que satisfazem ao gosto exigente de muitos turistas. O deserto do Saara é um bom exemplo, afinal de contas o turismo é uma das principais fontes de riquezas do Egito.

Quando o professor pergunta "...como podemos utilizar essa área para o turismo?", ele sugere, na resposta esperada, que o aluno cite a criação de um megaprojeto em uma área onde a população sofre com a ausência de soluções mínimas para suas misérias cotidianas. É Geografia Crítica promover a convivência da fome com a fartura elitista? Será que com essa resposta pretendida pelo professor os alunos estarão entendendo que os hotéis de luxo e a falta de moradia podem conviver harmoniosamente em pleno sertão nordestino?

Ao desejar em sua resposta uma ação siamesa entre os governos estaduais e federal na criação de obras nababescas, o professor estaria conscientizando os alunos da função social das políticas de administração do espaço? O que é mais prioritário para a população sertaneja? Açudes ou uma "Hollywood Severina"?

PARA CONCLUIR

Tomando por base as considerações levantadas, podemos observar a urgente necessidade de se repensar a atual abordagem que a Geografia escolar tem conferido ao fenômeno turístico.

Não se pode mais admitir que o "turismo oba-oba" seja veiculado como modelo de atividade econômica altamente rentável, quando se sabe que esta tem gerado inúmeros conflitos socioespaciais com elevados custos, tanto sociais, quanto ambientais. Não se pode mais aceitar as ideologias da indústria branca (não poluente), quando já é de conhecimento geral que impactos graves, como os verificados em diversos setores do litoral brasileiro, são, em boa parte, frutos da busca desenfreada pelas vantagens financeiras proporcionadas pelo turismo.

Assim, é chegada a hora de incluir no ensino crítico da Geografia e das demais disciplinas escolares as considerações diversas que se avolumam sobre a chamada conscientização turística, como forma de atualizar o elenco de conteúdos que devem ser ministrados nas turmas dos ensinos médio e fundamental.

Se no passado o turismo não apresentava um aspecto relevante da dinâmica social brasileira, hoje não pode mais ser posto à margem do processo educativo, visto que os estudantes têm a necessidade e o direito de analisá-lo, criticá-lo e principalmente praticá-lo e/ou com ele conviver de forma mais consciente e produtiva. Para tanto, propomos a inclusão dessas discussões nos livros didáticos utilizados no Brasil, a exemplo do que já ocorre em algumas publicações francesas destinadas ao mesmo fim, bem como adotar, quando possível, o excursionismo como um recurso didático.

As universidades também podem colaborar criando condições de reciclagem e melhor formação para os profissionais da educação.

Finalmente gostaríamos de mencionar o fato de que o estudo de caso realizado neste trabalho é apenas uma análise pontual, na qual os alunos do Departamento de Geografia da Universidade Federal do Espírito Santo prestaram total colaboração, conscientes de que estavam contribuindo para o enriquecimento de sua própria formação profissional.

Bibliografia

ANDRADE, J.V. de. *Turismo fundamentos e dimensões*. São Paulo, Ática, 1992.

DEMO, P. *A nova LDB. Ranços e avanços*. Campinas, Papirus, 1997.

EMBRATUR – INSTITUTO BRASILEIRO DE TURISMO. *Município e potencial turístico. Orientação às Prefeituras Municipais*. Brasília, Embratur, 1992.

________. *Guia para treinamento dos agentes multiplicadores nacionais, estaduais e monitores municipais*. Brasília, Embratur, 1994.

LIBÂNEO, J.C. *Democratização da escola pública. A pedagogia crítico-social dos conteúdos*. São Paulo, Loyola, 1993.

MEDEIROS, R.G. de; STRAUSZ, R.A. *Iniciação escolar para o turismo*. Rio de Janeiro, Senac/DN, 1993 (inclui fita de vídeo: "Turismo, bom negócio para todos").

MEC/SEF – MINISTÉRIO DA EDUCAÇÃO E DO DESPORTO. SECRETARIA DE EDUCAÇÃO FUNDAMENTAL. *Parâmetros curriculares nacionais. Introdução aos parâmetros curriculares nacionais*. Brasília, MEC/SEF, 1997.

OMT – ORGANIZAÇÃO MUNDIAL DO TURISMO. *Educando educadores en turismo*, Valencia, 1995.

PORTUGUEZ, A.P. *Geografia aplicada ao turismo*. Vitória, Senac, 1996.

REJOWSKI, M. *Turismo sob a ótica dos monitores municipais*. Brasília, Embratur, 1996.

RODRIGUES, A.B. (Org.). *Turismo e espaço. Rumo a um conhecimento transdisciplinar*. Hucitec, 1997.

Impressão e Acabamento
Oesp Gráfica S.A (Com Filmes Fornecidos Pelo Editor)
Dept° Comercial Alameda Araguaia, 1901 - Barueri - Tamboré
Tel. 4195-1805 Fax 4195 - 1384